KB163493

미래의 미래

미래의 미래

초판 1쇄 발행 2016년 7월 7일
초판 8쇄 발행 2024년 6월 28일

지은이 조선일보 미래기획부
펴낸이 유정연

이사 김귀분
기획편집 신성식 조현주 유리슬아 서옥수 황서연 정유진 **디자인** 안수진 기경란
마케팅 반지영 박중혁 하유정 **제작** 임정호 **경영지원** 박소영

펴낸곳 흐름출판(주) **출판등록** 제313-2003-199호(2003년 5월 28일)
주소 서울시 마포구 월드컵북로5길 48-9(서교동)
전화 (02)325-4944 **팩스** (02)325-4945 **이메일** book@hbooks.co.kr
홈페이지 http://www.hbooks.co.kr **블로그** blog.naver.com/nextwave7
출력·인쇄·제본 프린탑

ISBN 978-89-6596-192-5 03320

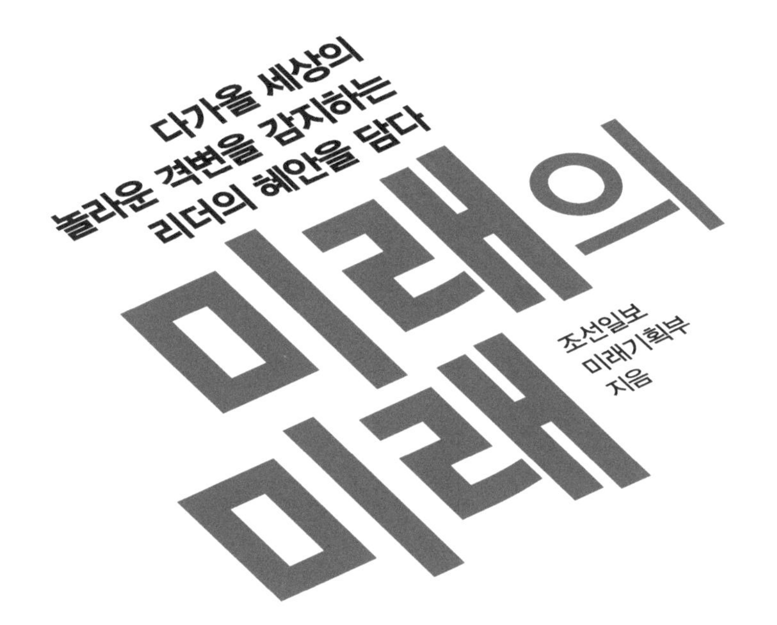

흐름출판

차례

2부 연결 · 나눔 · 에너지

3부 수명 · IT · 리더십

4부 꿈 · 희망 · 공존

들어가는 글

혁신의 현자들이 안내하는 상상 그 너머의 미래

모두가 가보지 않은 길 앞에 서 있습니다. 익숙한 과거와 결별하라고 저마다 목에 핏대를 세우지만, 정작 다음 발걸음을 어디로 옮겨야 할지 길을 일러주는 이는 적습니다.

세계가 격변의 터널을 통과하고 있는 이 때, 제7회 아시안 리더십 콘퍼런스ALC는 '아시아의 미래: 혁신Innovation 4.0'을 주제로 글로벌 지도자와 석학, 전문가들을 한 자리에 초청했습니다. 전·현직 대통령·총리와 장관들, 경제학자와 경영학 구루, 기업가와 투자은행가, 소설가와 디자이너까지, 22개국에서 온 '혁신의 현자賢者' 134명이 5월 17일과 18일 이틀간 2천여 명의 청중들과 그들이 가진 지식과 통찰을 나눴습니다. 혼돈의 현실과 불확실한 미래를 넘어 '미래의 미래'를 내다보는 풍성한 지혜의 성찬을 이 책 한 권에 4부 12장으로 나눠 담았습니다.

모든 것들의 변혁 : 혁신 4.0

조선일보 미래기획부는 글로벌 컨설팅기업인 보스턴컨설팅그룹BCG과 협업을 통해 세계가 직면한 근본적 변혁의 물결을 '혁신 4.0'으로 규정했습니다. 정보 유통의 속도를 획기적으로 늘린 구텐베르크 활자혁명(혁신 1.0), 동력動力으로 움직이는 기계를 도입해 생산성을 비약적으로 증가시킨 산업혁명(혁신 2.0), 컴퓨터를 통해 생산·효율성을 극대화시킨 디지털혁명(혁신 3.0)에 이어 통신의 융합과 빅데이터, 인공지능이 사회·경제 전반에 몰고 올 '파괴적 혁신'(disruption)입니다. 한스 파울 뷔르크너 BCG 회장은 주제 강연에서 "ICT 분야의 기술 혁신이 일으키는 미래상의 지각 변동은 처음

2016년 아시안 리더십 콘퍼런스 개막식에 참석한 글로벌 리더들. 맨 앞 테이블 왼쪽부터 게르하르트 슈뢰더 전 독일 총리, 조지 W. 부시 전 미국 대통령, 고노 요헤이 전 일본 관방장관, 조코 위도도 인도네시아 대통령, 박근혜 대통령, 방상훈 조선일보 사장, 마수메 에브테카르 이란 부통령이 앉아 있다.

산업에서 시작해 고용, 문화, 결국엔 사회와 세계가 작동하는 방식 자체에 총체적인 변화를 가져올 것"이라고 했습니다. 2016년 ALC는 그 변화가 어떤 모습일지 실마리를 찾고 대응을 모색했습니다.

똑똑한 정부, 새로운 나라

제니 시플리 전 뉴질랜드 총리는 "지금 우리가 맞닥뜨려야 할 경쟁은 과거와의 경쟁이 아닌 미래와의 경쟁"이라고 말합니다. 산업과 사회의 변화를 좇아가지 못하는 비효율적 정부, 세대와 계층 간 이해가 첨예하게 부딪히는 노동과 연금개혁의 험로를 먼저 간 국가들은 어떻게 헤쳐나가고 있을까요. 슈뢰더 정부가 불을 당긴 노

볼프강 클레멘트 전 독일 경제노동 장관

동개혁과 '아젠다 2010'의 실행자였던 볼프강 클레멘트 전 독일 경제노동 장관은 "노동개혁은 그 자체만으로 완결될 수 있는 목표가 아니며, 사회 경제적 변화와 관련 정책, 조건들이 동시에 잘 맞물려 굴러가도록 해야 가능하다"고 지적합니다. "의미있는 사회적 변화는 결국 사람들의 참여로 이뤄지며, 이를 위해서는 사람들이 단순히 현재의 희생에 동참하는 것을 넘어 미래의 혜택에 대한 희망에 참여할 수 있도록 해야 한다"는 엘사 포르네로 전 이탈리아 복지노동부 장관의 지적도 귀담아 들을 만합니다.

더는 교육과 투자가 생산성 향상을 견인하지 못하는 시대, '혁신의 종말' 대신 '모든 것을 바꾸는 새로운 혁신'에 관해 말하는 경제석학 로버트 고든 노스웨스턴대 교수의 강연도 곱씹어 보십시오.

더욱 연결되는 세상

세계 최대 네트워크 장비기업인 중국 화웨이의 최고기술책임자CTO 조소는 화웨이의 미래로 불리는 스마트 시티 사업의 총괄 책임자입니다. 그런 그가 "우리가 지금까지 생각해온 스마트 시티는 없다"고 말하는 이유에 귀기울여 보십시오.

《에너지 혁명 2030》을 쓴 토니 세바 스탠퍼드대 교수의 강연에서는 차를 살 이유도, 운전할 필요도 없는 세상을 한 발 앞서 만나십시오. 세바 교수는 스마트폰 보급 속도를 과소평가해 2조 4천억 달러 규모의 시장을 날려 버린 AT&T의 사례를 제시하며, "눈 깜

빡하는 사이 전기차와 자율주행차의 시대가 당신 눈앞에 밀어닥칠 것"이라고 말합니다.

세상을 좀 더 살만한 곳으로 바꾸는 '착한 기업'에 투자하는 록펠러 가문의 후손 이야기도 흥미진진합니다. "실패하지 않는 유일한 투자는 선의善意"라는 것이, 세계를 연결하는 우리 시대 '착한 사마리아인'들의 공통된 확신입니다.

더 건강하고 더 평등한 미래

생명윤리와 바이오테크 전문가 그레고리 스톡은 그리스 역사가 투키디데스를 인용합니다. "자신 앞의 미래에 대해 명확한 비전을 가진 자야 말로 용자勇者다. 비전에는 영광과 위험이 함께 따를 테지만, 용자는 그 모두에 당당히 맞선다." 그는 가까운 미래 세계 총생산의 20퍼센트를 차지하게 될 바이오테크 혁명에 관해 말하며 "만약 한국이 먼저 참여하지 않으면 다른 나라들이 시장을 선점할 것"이라고 경보를 울립니다. 빅데이터와 사물인터넷의 발달로 열리는 신세계, SNS 속 수억 장의 사진 분석만으로 전혀 새로운 비즈니스 기회가 생기는 SF 영화같은 세상은 데이비드 로즈 디토랩스 CEO의 안내로 먼저 방문해 보십시오. '중국의 오프라 윈프리' 양란 양광미디어그룹 회장, 셰리 블레어 아시아여성대 총장, 플뢰르 펠르랭 전 프랑스 문화통신 장관 등 유리 천장을 깨뜨린 여성들은 "기업과 정부 고위직에서 여성의 숫자를 늘리고 직장 여성이 일과

양란 양광미디어그룹 회장과 제리 캐플런 스탠퍼드대학 교수

가정의 균형을 유지할 수 있도록 지원하는 것은 선택이 아니라 국가와 기업 생존이 달린 문제"라고 갈파합니다.

최고 전문가들의 토론 격돌 '조선 디베이트'

전 CNN 앵커 짐 클랜시가 진행한 '조선 디베이트'는 2016년 ALC의 하이라이트였습니다. 이번 주제는 '공유경제: 확대냐, 규제냐', '중국경제: 살아날까, 하락할까', '미래의 주인공: 인간이냐, AI냐', 이렇게 세 가지였습니다. 토론 진행 중에 세 차례 찬반 투표를 통해, 상반된 입장을 가진 전문가들의 토론을 지켜본 청중들의 생각이 어떻게 변화하는지 지켜보는 것도 흥미진진합니다.

우버나 에어비앤비와 같은 '공유경제' 기업은 시장 잠재력과 여성 창업기회 확대 등 긍정적 측면도 크지만, 노동 착취와 세금 탈루, 안전 문제 등 많은 부작용도 낳고 있습니다. 규제해야 할까요, 확대해야 할까요?

과잉투자, 과잉생산으로 이끌어온 중국 경제의 경착륙은 이미 시작됐다는 '족집게 경제위기 예언가' 리처드 덩컨과 지금은 전환기이며 곧 극복할 것이라는 중국 정부의 경제정책 브레인 바이충언 칭화대 교수가 격돌합니다.

미래의 인공지능은 스타워즈 속 알투디투나 씨쓰리피오처럼 인간의 친구일까요? 아니면 끊임없이 과거로 돌아와 살상을 일삼는 터미네이터처럼 인간의 적일까요? 이세돌과 알파고의 대결 이후 인간과 AI의 미래에 대한 설왕설래, 제리 캐플런 스탠퍼드대 교수와 노엘 샤키 셰필드대 교수가 깔끔히 정리해드립니다.

《개미》《뇌》《제3인류》 등의 저자 베르나르 베르베르

함께 가는 혁신, 더불어 걷는 미래

'한국인이 가장 좋아하는 소설가' 베르나르 베르베르는 "타인이 마음대로 당신을 판단하고 재단한다고 두려워하지 말라. 자신의 꿈을 기록하고, 용기있게 바깥 세상으로 나가라"고 말합니다. 그는 한국에서만 130만 부가 팔린 소설 《개미》를 처음 쓸 때 "내 주변에서는 모두 재미없다며 말렸다"고도 했습니다. "미래를 알고 싶은가요? 당신의 미래를 알 수 있는 가장 좋은 방법은 바로 스스로 그 미래를 창조하는 것입니다." 베르베르의 조언입니다.

'인도네시아의 오바마' 조코 위도도 인도네시아 대통령은 자카르타 중부 작은 도시의 시장으로 시작해 국가 수반의 자리에까지 오른 서민 출신 정치인입니다. 인도네시아 국민들은 이 나라를 지배해온 전통적 정치 엘리트들과 달리 자기들과 어깨를 부딪히며 함께 걷고, 밥 먹고, 웃고, 이야기하는 그의 진심을 믿어준 것입니다. 그는 "지금은 이례적 혁신의 시대인 동시에 전례없이 불안정한 시대"라며 "혁신이 승자와 패자를 가른다는 것을 인정해야 하지만, 더 중요한 것은 다양성을 통해 조화를 찾고, 패배한 사람들을 초대해 함께 걷는 것"이라고 말합니다. "나와 다르게 생긴 사람들, 나와 다르게 생각하는 사람들을 포용해야 합니다. 아름다운 곳도, 힘든 곳도 함께 손을 잡고 가야 합니다. 함께 걸으면 지구상의 모든 사람들이 같은 길을 가게 될 것입니다. 같이 갑시다."

함께 가는 혁신 4.0의 미래로 독자 여러분을 초대합니다.

1부

경제
정부
노동

미래의 성장 동력을 찾아서

1장

더 똑똑한 정부

장 뱅상 플라세

프랑스 국가개혁 장관

제니 시플리

전 뉴질랜드 총리

게오르기오스 파판드레우

전 그리스 총리

개혁이 어려운 이유가 무엇입니까? 공무원들의 복지부동 때문에 느린 것도 이유겠지만 때로는 정부가 무엇이든 지나치게 빨리 진행하려고 하기 때문이기도 합니다. 한국식의 '빨리 빨리'는 개혁에서만큼은 효율적이지 않다고 생각합니다. 충분히 시간을 두고 협의를 해야만 개혁이 수용될 수 있습니다.

행정 절차를 혁신하는 프랑스 정부에게 배운다

현재 서유럽에서는 극단주의가 부상하고 있으며 그리스와 이탈리아 등 남유럽 국가들도 적지 않은 문제점을 안고 있습니다. 시리아 난민의 이주문제도 큰 고민거리이며 이미 사회적으로도 문제를 낳고 있습니다. 또 유럽의 전통적인 사회복지 모델이 많은 비판에 직면하고 있는데다 환경과 관련된 위기도 여러 번 겪었습니다. 여기에다 지금까지 지속된 민주주의가 낙후된 모델은 아닌가 하는 우려의 목소리까지 들리고 있습니다.

이런 상황에서 저는 효율적인 정부를 만드는 일을 맡고 있습니다. 사실 한국은 전자 정부와 관련해서는 상당한 효율성을 보여주고 있고 실제로 이 분야에서 전 세계 1위인 것으로 알고 있습니다. 참고로 프랑스는 호주와 싱가포르에 이어 4위를 차지하고 있습니다.

장 뱅상 플라세 Jean Vincent Place 프랑스 국가개혁 장관으로, 규제제도 개선과 공공서비스 품질 향상, 행정처리의 디지털화를 추진하고 공역무public service의 혁신, 협력, 정보 공개에 앞장선 인물로 평가받는다. 2011년부터 2016년까지 프랑스 상원의원으로 재직했으며 생태학자 모임의 대표이자 외교위원회의 일원으로 활동했다.

노페이퍼 디지털 정부

현재 정부의 개혁 업무를 추진하고 있는 제 경험에 따르면, 정부의 효율성과 관련해 항상 신경 써야 하는 것은 바로 경제적인 측면입니다. 프랑스의 경우 정부의 공공 지출이 GDP 대비 56퍼센트에 달할 정도로 규모가 큽니다. 이에 따라 재정 적자도 상당합니다.

재정 문제 해결과 더불어 절차의 간소화도 중요합니다. 다시 말해, 일반인과 기업이 행정서비스를 쉽게 이용할 수 있도록 해야 한다는 의미입니다. 프랑스는 지난 200년 동안 행정의 노하우를 축적해왔지만 미래 생존을 위해서는 진정한 개혁이 필요하다는 판단을 내렸습니다.

현재 프랑스 정부는 '노페이퍼No Paper' 디지털 정부를 목표로 하고 있습니다. 이는 절차를 간소화하는 것은 물론이고 행정 처리에 걸리는 시간도 단축시키겠다는 것을 말합니다. 지난 수백 년간 지나치게 많은 입법과 규제 때문에 절차가 복잡해졌고 일상적인 경제활동 역시 저해받아 왔습니다. 일례로, 프랑스에서 환경 인증을 받으려면 무려 20개월이 걸립니다. 회사 투자자들의 입장에서 20개월이라는 기간은 사업적으로 매우 큰 리스크입니다. 그래서 정부는 이를 10개월로 줄이는 방안을 검토하고 있습니다. 또한 공급자를 위한 온라인 결제도 부분적으로 도입해 친기업 환경을 조성하는 일에도 적극적으로 나서고 있습니다.

이렇게 하려면 공무원에 대한 교육이 필요하고 개개인에게도 물론 높은 책임감과 의지가 요구됩니다. 그러나 무엇보다 중요한 것이 협의라고 생각합니다. 정부부서 간, 사회구성원 간 협업이 매우 중요하다고 생각합니다. 그간 프랑스의 행정체계는 상당히 수직적인 구조였습니다. 이것은 아마도 군주제에서 발전해온 체제이기 때문으로 생각됩니다. 그러나 디지털 정부를 지향하려면 오픈 소스, 오픈 데이터를 추구하지 않을 수 없습니다. 이를 위해서 프랑스 정부는 시민들과 모든 데이터를 공유할 것입니다.

빨리 하려고 하는 것이 문제

정부의 개혁이 어려운 이유는 무엇입니까? 공무원들의 복지부동 때문에 느린 것도 이유겠지만 때로는 정부가 무엇이든 지나치게 빨리 진행하려고 하기 때문입니다. 시민을 참여시켜 협의를 이루기까지 충분히 시간을 들이지 않기 때문에 난항을 겪을 때가 많습니다. 한국식의 '빨리빨리'는 개혁에서만큼은 효율적이지 않다고 생각합니다. 개혁에는 시간이 걸리기 마련입니다.

프랑스 정부가 추진하는 개혁은 긴 호흡의 작업이 될 것으로 보입니다. 그 작업의 일환으로, 프랑스는 한국을 포함해 약 70개국이

"프랑스 정부는 '노페이퍼' 디지털 정부를 목표로 하고 있습니다. 절차를 간소화하는 것은 물론, 행정 처리에 걸리는 시간도 단축시키겠다는 것을 말합니다."

참여하고 있는 '오픈 거버먼트 파트너십open government partnership'에 참여하려고 합니다. 정부 활동을 공개함으로써 모든 데이터가 투명하게 공유되도록 하기 위해서입니다. 이렇게 되면 정부와 국민들이 서로 원활하게 의견을 나누며 함께 발전을 이룰 수 있습니다. 반기문 사무총장의 말처럼, '지구'만 있는 것이 아니라 지구 위에 살고 있는 '사람'도 있다는 것을 기억해야 합니다. 민주주의도 마찬가지입니다. 국회의원만 있는 것이 아니라 시민도 있다는 것을 기억해야 합니다.

부처 간의 협력을 첫 번째 과제로 삼아야

절차의 간소화와 규제 완화를 위해 프랑스는 무엇을 하고 있을까요? 우선, 저희는 부서 간 원활한 협력을 위해 총리 주재의 부처를 만들어 다양한 실험과 시책을 실시하고 감사도 이뤄지도록 하고 있습니다. 사실 효율적인 정부를 만드는 것은 모든 부처의 협력 없이는 불가능합니다. 개혁 역시 모든 부처와 연결이 되어 있을 수밖에 없습니다. 따라서 협의를 통한 기반을 만드는 것이 무엇보다 중요합니다. 각각의 이해관계자가 가진 의견을 모으는 것보다 이러한 합의를 만드는 것이 우선되어야 합니다. 이를 위해서는 냉정한 자기 평가가 매우 중요합니다. 미국이나 유럽 국가들에서도 이러한 노력이 진행되고 있습니다. 강조하지만, 모든 이해관계자의 협력없이 개혁은 이뤄질 수 없습니다. 따라서 개혁의 첫 번째 단계는 부처 간, 부문 간의 합의와 협력을 이끌어내는 것입니다.

환경, 보건, 치안 등 전 분야가 행정 혁신의 대상

'지금까지 해온 정부 관행들이 앞으로는 유용하지 않을 수 있다'는 인식이 중요합니다. 그래야 개선, 재건설, 혁신에 관심을 가질 수 있습니다. 과거에 하던대로 해도 문제 없다는 태도를 갖고 있다면 변화의 동기는 생기지 않습니다.

그리고 이러한 혁신에 대한 인식은 단순히 경제뿐만 아니라 환경, 보건, 치안 등 전 분야로 확산되어야 합니다. 현실적으로 이 모든 것을 다 해내기는 쉽지 않을 것입니다. 그러나 정부는 차근차근 해낼 것을 각오해야 합니다.

국가경쟁력을 원점에서 생각한 뉴질랜드 정부에게 배운다

뉴질랜드는 30년 전만 해도 정부의 효율성에 관심 가질 이유가 없었습니다. 친숙한 관행을 계속 이어나가도 괜찮은 상황이었습니다. 당시 뉴질랜드는 환율을 시장에 맡기지 않고 임의적으로 관리하려고 하는 등 인간의 성장 발달로 치면 청소년기에 있었습니다. 하지만 이제 뉴질랜드는 성인기로 한 단계 더 성숙해야 할 필요성을 느끼고 있습니다. 혁신과 관련한 다양한 시도를 하는 것도 그 때문입니다.

우선, 저희는 공공 분야와 민간 분야의 조화를 꾀하고 있습니다. 성장을 위한 동력을 활성화하려면 경제의 두 축인 공공과 민간의 참여가 꼭 필요합니다. 또한 공정한 기회와 자원의 효율적인 사용에도 각별한 주의를 기울이고 있습니다. 정부의 이러한 움직임을 보고 일각에서도 변화에 관심을 갖기 시작했습니다. 이 사실이 상

제니 시플리 Jenny Shipley 뉴질랜드 최초이자 유일한 여성 장관을 지냈고 현재 중국건설은행 뉴질랜드의 의장을 맡고 있다. 총리직에 오르기 직전 수석장관으로 일하며 당시 뉴질랜드의 주요한 경제·사회 개혁을 주도했다. 1999년 뉴질랜드에서 개최된 APEC 정상회담의 의장국 역할을 성공적으로 수행했다. 해마다 중국에서 열리는 보아오(博鰲) 포럼에 상임위원 자격으로 참석하고 있다.

당히 중요합니다. '의지' 말입니다. 분석한 데이터를 아무리 많이 갖고 있다고 하더라도 의지가 없다면 위기가 닥쳤을 때 단기적으로 접근하게 됩니다. 그렇게 되면 지속가능한 해결책을 찾지 못하게 되고, 결국 경제적·사회적·환경적으로 정체된 상태가 될 수밖에 없습니다. 따라서 저희는 하나의 장기적 프레임워크를 구축하는 것에 대해 고심했습니다.

이를 위해서 저희는 '독립적인 은행'이라는 문제에 집중하고 있습니다. 인위적으로 환율을 관리해서 국가경쟁력을 유지하려는 노력을 포기했으며 오히려 그것을 '시장의 왜곡'으로 정의하고 있습니다. 독립적인 연방 준비은행의 설립도 그래서 가능했습니다. 당시 인플레이션 때문에 어려운 상황이었지만 경쟁력 있는 교역 국가로서의 입지를 다지려면 이러한 결단이 필요하다고 본 것입니다. 영국에 의존하는 태도를 바꾸려는 것도 바로 그러한 이유 때문입니다.

뉴질랜드 정부의 변신이 시작되다

혁신의 일환으로, 뉴질랜드 정부는 새로운 법률도 도입했습니다. '재정책임성 법안'을 실행하기 전까지만 해도 포퓰리즘을 주창하는 정치인이 나와서 이런저런 정책을 남발하곤 했습니다. 그에 따라 국가 재정은 말이 아니었습니다. 이에 정부는 재무부가 모든 부처와 총리로부터 독립된 권한을 갖고 분기별로 재무 및 재정 상태를 보고토록 하고 있습니다. 즉, 모든 일반 기업이 재무제표를 발표하는 것처럼 매분기마다 재정 상태를 공개하도록 한 것입니다. 이를 통해 정부가 지출을 많이 하면 일반 국민이 알 수 있도록 했습니다. 또한 정치인들에게 세금을 늘릴지, 아니면 부채를 늘릴지, 이것도 아니면 지출을 줄일지를 면밀히 묻기 시작했습니다. 이렇게 하자 정치인의 공약이 더 잘 지켜졌습니다.

공무 영역도 개혁 대상으로 삼고 있습니다. 각 부처의 수장은 상당한 수준의 월급을 받고 있는 만큼 우리는 그들이 국민에게 내걸었던 공약을 책임감 있게 수행하는지 감시하고 확인합니다. 또 정부가 바뀌더라도 지속적으로 실천되도록 노력하고 있습니다.

조세제도에도 과감히 손을 댔습니다. 뉴질랜드는 국민 소득의 3분의 2가 세금으로 지출됩니다. 조세 수준이 상당히 높은 만큼 정부가 세금을 효율적이고 공정하게 사용하는지를 평가하도록 하고 있습니다. 그리고 개인의 조세 수준을 금리 수준에 맞게 낮췄습니다. 이러한 일련의 조치로 공정하게 세금을 내고 있다는 인식이 퍼지면 탈세가 줄 것입니다. 물론 어떠한 로비에도 영향을 받지 않도록 철저히 원칙을 지켜나갈 것입니다.

노동시장은 어떨까요? 현재 뉴질랜드는 정당하게 노조의 투쟁권

"뉴질랜드 정부는 일반 기업이
재무제표를 발표하는 것처럼
매분기마다 재정 상태를
공개했습니다."

을 보호하고 있기는 하지만 하나의 노조가 지배적인 힘을 발휘하지는 못하도록 하고 있습니다. 정부가 각별히 신경 쓰는 부분은 더 많은 인재를 쉽게 유치하고 성과에 따라 승진하고 보상받을 수 있도록 하는 것입니다. 정부의 이러한 노력은 이해당사자들의 태도 변화를 이끌어내고 노동시장의 역학 관계도 바꿔놓고 있습니다.

보다 개방적인 무역의 활성화도 꾀하고 있습니다. 뉴질랜드는 관세 등을 통해서 농업을 보호하고 있었는데, 다른 경쟁력 없는 산업들까지도 울타리 안에서 혜택을 입고 있었습니다. 이에 정부는 과감히 5년이라는 짧은 기간 안에 모든 보조금을 5퍼센트 미만으로 낮췄습니다. 이외에도 경쟁력이 낮은 자동차 산업을 대대적으로 개혁했고 심지어 강제 폐업을 단행하기도 했습니다.

이제 과거가 아닌 미래와의 경쟁

뉴질랜드는 2015년 12월에 한국과 FTA를 체결하고 중국과 처음으로 FTA를 체결한 서구권 국가입니다. 또 WTO의 강력한 지지 국가이기도 합니다. 저희는 이와 같은 자유무역 제도가 여전히 필요하다고 생각합니다. 또한 최강의 국가들과 경쟁을 할 의향도 있습니다. 물론 경쟁력 있는 기업이 뉴질랜드에 오면 역시 큰 성공을 거둘 수 있습니다. 뉴질랜드는 더 경쟁력이 있는 쪽에 설 준비가 되어 있습니다. 우리가 필요한 것이 있고 만약 한국의 상품이 좋다면 충분히 수입할 수 있다는 얘기입니다. 정부의 이러한 태도는 고용률을 높이는 데도 영향을 끼칩니다. 사람들은 자유무역을 하면 일자리를 잃을 것이라고 걱정하지만 그렇지 않습니다. 오히려 일자리가 창출되고 경제가 활성화됩니다. 그러나 이것을 추진하는 과정은 결코 쉽지 않습니다. 저 역시 정치적으로 고군분투했습니다. 이럴 때 특히 리더가 중요합니다. 미래를 내다보는 프레임워크를 구축할 수 있는, 미래 지향적인 리더가 필요합니다.

이제 경쟁은 과거와의 경쟁이 아닌 미래와의 경쟁입니다. 문제를 해결하기 위해서는 사회구성원 간 진솔하게 대화해야 하고 실제적인 변화를 가져올 수 있는 행동을 강구해야 합니다. 기회주의적인 접근법은 버려야 합니다.

정부가 거짓말하면 개혁은 불가능, 그리스 정부의 실패에서 배운다

국가 정책에 대해서 얼마나 신뢰하고 계십니까? 정치는 보통 한 국가 내에서 이루어지지만 사실 많은 문제가 국제적인 관계 및 힘과 얽혀 있습니다. 그래서 정부가 정책을 세우고 실행하는 과정이 결코 쉽지는 않습니다. 그럼에도 정부는 단기적인 관점과 중장기적인 관점을 모두 가져야 합니다. 그리스의 경우, 단기적으로는 당장의 위기를 해결하는 것이 우선이었습니다. 장기적으로는 위기를 불러온 근본적인 문제를 해결해야 했습니다. 건강이 악화되었을 때 증상이 무엇인지 진단하고 치료하는 노력도 필요하지만 장기적으로는 규칙적으로 운동하고 식습관을 바꿔야 하는 것과 비슷합니다.

그리스어로 정치는 시민이라는 말과 연관되어 있습니다. 고대 그리스 사람들이 인간은 모두 평등하다는 사실을 깨달으면서 민주주

게오르기오스 파판드레우 Georgios Papandreou 전 그리스 총리로, 조부와 부친과 자신까지 3대째 총리를 지낸 그리스의 대표적인 정치 명문가 출신이다. 1974년 군정 종식과 함께 그리스로 돌아와 1981년 의원에 당선됐고, 교육·외무장관 등을 지냈다. 2009년 사회당을 이끌고 총선에 승리한 뒤 2011년까지 총리를 지냈다.

의가 시작되었습니다. 정치 지도자가 폭압의 정치를 하고 있다면 이를 그대로 따를 것이 아니라 우리의 목소리를 낼 필요가 있다는 사실을 깨달을 때 민주주의의 첫걸음을 내딛은 것입니다. 그리고 이러한 인식은 사회 변화를 이끌어냅니다. 힘이 소수에게만 집중된다면 불평등이 생길 수밖에 없습니다. 에너지산업, 핵무기, 심지어 지식의 분야에서도 그 힘이 소수에게만 집중된다면 악용될 수 있습니다. 이러한 힘의 집중 문제는 현재 그리스가 품고 있는 도전 과제이기도 합니다.

그리스 정부, 칼을 빼어 들다

신뢰받는 정부가 되려면 무엇이 중요할까요? 우선 제도적 측면과 재정 관리에 각별한 주의를 기울여야 합니다. 공공부채가 매우 심각한 그리스로서는 재정 관리에 촉각을 세울 수밖에 없습니다. 물론 부채로 투자를 해서 기대한 결과를 얻을 수도 있습니다만, 제가 그리스 총리가 되었을 때, 눈앞의 불을 끄는 게 중요했습니다. 이는 단기적인 관점의 과제였습니다. 또한 정부에 대한 신뢰를 회복하는 것도 무시할 수 없는 문제였습니다. 이는 장기적인 과제라 할 수 있습니다. 사회 정의를 확립하고 안정을 되찾고 경제를 다시 회복시켜야 하는 무거운 숙제가 저한테 주어진 것입니다.

"정부가 신뢰를 받으려면 재정 관리에
각별한 주의를 기울여야 합니다."

부패, 권력의 악용과 남용, 재원과 자원의 악용 사례가 넘쳐나는 가운데 저는 '변화'를 기조로 여러 실천 방안을 수립했습니다. 우선 분기별로 정부 예산을 공개하도록 했습니다. 당시 그리스에는 상당히 큰 적자가 있었습니다. 누적된 적자보다 더 문제가 된 것은 그리스 정권이 이러한 부채 문제를 숨겼다는 사실입니다. 정부는 투명하지 않았습니다. 의회에서는 위원회를 구성했고 독립적으로 예산을 검토하도록 했습니다. 뿐만 아니라 지방정부를 5개에서 3개로 줄여서 관료주의를 타파하려고 했고 50개의 지방 행정 구역을 30개로 줄였습니다. 사실 이러한 일에는 반발이 상당합니다. 정부와 지자체를 줄이면 정치인들이 들고 일어나기 십상입니다. 그럼에도 불구하고 사회적인 파트너십을 구축하는 일을 진행했으며 모든 국방 예산과 관련된 공청회를 열어 의회의 감사를 받도록 했습니다. 더불어 의회의 입법 기능을 강화함으로써 정부의 의사결정이 정치화되는 것을 막기 위해 노력했습니다. 이러한 모든 과정을 통해 관계된 이해당사자들이 정보를 공유할 수 있게 되었고 시민들이 참여하게 되었습니다.

과감히 부처 통폐합도 진행했습니다. 에너지 부처, 도시 계획 부처, 기후 변화 부처를 하나로 묶는 작업을 진행했고 전자 정부 개념을 도입해 정부의 효율성을 높이고 신뢰를 회복하고 민주성을 강화했습니다. 또한 지출을 더욱 투명하게 하기 위해 '온라인화 되지 않은 모든 거래는 불법'이라는 원칙을 적용해 중앙정부는 물론 지방정부까지 모든 정부의 예산 지출을 온라인상으로 집행하게 했습니다. 또한 누구든지 이것을 볼 수 있도록 했습니다. 그 결과 즉각적인 경제적 효과가 나타났습니다. 일례로, 어떤 공립 대학의 청소 지출이 200만 유로에서 60만 유로로 줄었습니다.

정부의 주요 고위직 인사와 공기업 사장, 기타 공직도 외부 인사가 들어올 수 있도록 공개 채용 방식으로 바꿨습니다. 고위 의사결정자들이 최고의 인재를 발탁할 수 있도록 문을 열어준 것입니다. 저희가 처음으로 공개 채용을 한 80개의 직위에 지원한 사람만 2천 명이라는 점은 상당한 관심을 반영한다고 볼 수 있습니다. 과거에는 정치 정당을 기반으로 한 인사가 이루어졌다면 이제는 좀 더 투명한 인사가 이뤄지고 있습니다.

특히 의료 분야에서는 의사가 과잉 진료, 과다 처방을 할 경우 연금에 타격을 입도록 했습니다. 또한 의사의 모든 처방은 온라인에 공개해야 된다는 규정을 도입했습니다. 처음에 의사들은 공개할 수 없다는 입장을 견지했습니다. 어떤 의사는 컴퓨터를 사용할 줄 모른다는 이유를 대기도 했습니다. 하지만 정부의 입장은 단호했습니다. '컴퓨터를 사용할 줄 모르면 다른 사람을 고용해서라도 시행하라'고 했습니다. 결국 의사들은 이를 공개하게 되었고, 건강보험 관련 지출이 굉장히 많이 절감되었습니다.

탈세 문제는 초국가적으로 대처해야

탈세는 어느 나라의 정부나 골머리를 앓는 문제일 겁니다. 전 세계적으로 기업들이 탈세 가능한 나라로 옮겨가거나 소득을 이전함으로써 탈세를 자행하고 있습니다. 이렇게 되면 국가에서는 세원을 충분히 확보할 수 없다는 문제가 생깁니다. 중산층과 저소득층에게 타격이 갈 수밖에 없습니다. 탈세의 문제는 초국가적인 문제로 규정하고 다양한 정치인들과 지도자들이 아이디어를 공유해 글로벌한 혁신을 해나가야 합니다.

The 7th
ASIAN
LEADERSHIP
CONFERENCE
ChosunMedia

질문과 답변

Q 장 뱅상 플라세 장관에게 질문하겠습니다. 한국의 경우 가장 급한 문제가 저성장이라고 생각합니다. 프랑스의 경우 '똘레랑스'라는 관용 정책에 기반해 이민자를 폭넓게 수용함으로써 많은 이민자들이 출산율에 기여했다고 이야기합니다. 제가 보기에도 프랑스는 정부 차원에서의 갖가지 혁신적인 조치를 통해 성장률을 높였습니다. 10년 전만 해도 낮은 성장률로 고민을 했던 프랑스가 어떤 혁신을 통해 모범사례가 되었는지 간단히 설명해 주시면 감사하겠습니다.

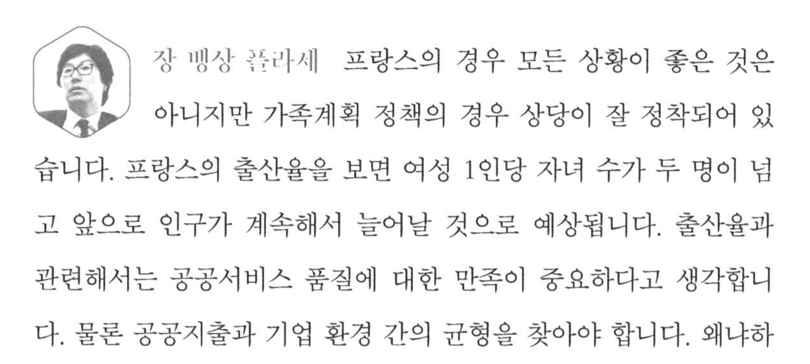

장 뱅상 플라세 프랑스의 경우 모든 상황이 좋은 것은 아니지만 가족계획 정책의 경우 상당이 잘 정착되어 있습니다. 프랑스의 출산율을 보면 여성 1인당 자녀 수가 두 명이 넘고 앞으로 인구가 계속해서 늘어날 것으로 예상됩니다. 출산율과 관련해서는 공공서비스 품질에 대한 만족이 중요하다고 생각합니다. 물론 공공지출과 기업 환경 간의 균형을 찾아야 합니다. 왜냐하면 공공지출을 하려면 기업의 부담이 커질 수밖에 없기 때문입니다. 기업들이 투자할 수 있는 여력을 남기면서 사회적 부담을 감당할 수 있는 지점을 찾아야 합니다.

프랑스의 보건 정책은 전 세계에서 가장 우수하다고 생각합니다. 저희의 복지 예산은 국가 예산에서 큰 비중을 차지하고 있습니다. 병원, 약국에 가더라도 전혀 돈을 내지 않습니다. 제3자 부담 원칙에 따라 국가가 부담을 합니다. 마찬가지로 교육도 대학까지 무상교육입니다. 특히 유년기의 교육 시스템은 매우 탄탄합니다. 어린이집, 유치원 이용시 많은 혜택이 있는 것은 물론이고 유모 또는 아이돌보미 인력을 고용할 때도 세제 혜택을 받을 수 있습니다.

그래서인지 여성의 취업률도 상당히 높습니다. 프랑스는 자녀를 양육하기 위해서 회사를 포기할 필요가 없습니다. 한국의 경우, 어린 아이가 있는 20~30대 여성은 양육과 일 중에서 무엇을 선택할 것인가의 기로에 놓인다고 들었습니다. 하지만 프랑스의 경우 이러한 고민이 없습니다.

또한 프랑스는 이민자들에게 새로운 기회를 주고 있습니다. 물론 극우파들의 반대가 심하지만 정부는 보다 전향적인 자세에서 정책을 추진해 나가고 있습니다. 난민에 대해서도 마찬가지입니다. 현재 프랑스의 인구가 6500만 명인데 그 중 600만 명이 이슬람 국가에서 온 이주민입니다. 유태인도 60만 명에 이릅니다. 프랑스는 이들을 큰 자산이라고 생각하고 국가 번영의 원천으로 받아들입니다. 한국에서도 이중 국적이 가능한 것으로 알고 있습니다. 프랑스에서는 오래 전부터 이중, 삼중 국적이 가능했습니다. 저희는 이러한 정책이 다양성을 보장해 주는 중요 장치라고 생각합니다.

2장

창조적 노동개혁의 핵심

볼프강 클레멘트

전 독일 경제노동 장관

엘사 포르네로

전 이탈리아 노동복지부 장관,
토리노대학 경제학 교수

노동개혁의 원칙은 두 가지, 바로 '지원과 수요'입니다. 다시 말하면 적극적으로 취직을 원하는 사람, 최선을 다해서 고용 기회를 찾는 사람만이 공공 혜택을 받을 수 있도록 하는 것입니다.

노동개혁이라는 거대한 톱니바퀴를 굴리는 법

2000년대 초반 독일은 '노동개혁'이라는 국가 차원의 결단을 내리고 실행한 바 있습니다. 이 과정에서 저희가 매우 신중하게 내린 결론 하나가 있습니다. 그것은 노동시장 개혁이 그 자체만으로 완결되는 목표가 아니라는 점입니다. 다시 말해, 노동개혁은 사회적·경제적인 변화, 관련 정책과 여러 조건들이 동시에 잘 맞물려 굴러가야 가능하다는 것을 의미합니다.

이를 위해서는 무엇보다 노사가 협력하는 분위기가 조성되어야 합니다. 그러려면 노조와 사측이 협상과 협정을 잘 할 수 있도록 권리가 보장되어 있어야 합니다. 즉, 양측 모두 단체교섭의 자유가 선행되어야 함을 뜻합니다. 양측이 이러한 권리를 책임감 있게 수행할 때 그 결과는 기대 이상일 수 있습니다.

노동개혁을 단행할 당시 독일의 상황은 매우 어려웠고 많은 변

볼프강 클레멘트 Wolfgang Clement 전 독일 경제노동 장관으로, 슈뢰더 총리 시절 내각의 실질적 2인자였고, 독일 경제에 반전을 가져온 '아젠다 2010' 정책의 주역으로 꼽힌다. 아젠다 2010은 노동시장 유연화, 기업 규제 완화, 복지 축소 등을 골자로 한 정책으로 1990년대 이후 높은 실업률로 '유럽의 병자病者'라는 비아냥을 받았던 독일을 유럽 경제의 심장으로 재탄생시켰다.

화가 있었습니다. 경기 침체에 실업률은 거의 20퍼센트까지 치솟았습니다. 공공부채 역시 늘어난 상황이었습니다. 그럼에도 개혁이 진행될 수 있었던 이유는 노측과 사측의 협의가 잘 이루어졌기 때문입니다. 그들은 임금 재협상에 동의했고 다른 분야에서도 많은 합의를 순차적으로 이뤄냈습니다. 한마디로 '사회적 파트너십'이 잘 이행됐습니다. 덴마크, 오스트리아, 스위스 또한 이러한 타협과 조정을 통해서 많은 문제를 성공적으로 풀어냈습니다.

독일의 노동개혁을 얘기하면서 슈뢰더 총리가 추진한 '아젠다 2010'이라는 개혁 프로그램을 언급하지 않을 수 없습니다. 아젠다 2010에는 많은 사안이 포함되어 있습니다. 노동개혁뿐만 아니라 기업을 위한 법인세 인하, 교육 부문에 50억 유로의 추가적인 투자, 퇴직연금 운용비 절감을 위한 비용 관리 등도 논의 주제였던 만큼 큰 영향을 끼쳤습니다.

독일 정부가 고수한 '지원과 수요'의 원칙

독일 정부는 이런 과정을 통해 '조기 퇴직' 방침을 제시했습니다. 1990년대부터 2000년대 초반 많은 근로자와 교사들이 조기에 명예퇴직을 결정했습니다. 60세가 되기도 전에 퇴직을 했습니다. 그렇다고 오해하지는 마십시오. '나이가 들면 당연히 일을 그만두어야 한다'고 주장하는 게 아닙니다. 퇴직하고도 얼마든지 65세, 70세까지 더 일할 수 있습니다. 고령 근로자의 경제 참여는 매우 중요합니다. 실제로 독일은 일을 하지 않던 100만 명에 가까운 사람을 지역 차원의 사회적인 투자를 통해서 다시 일할 수 있도록 했습니다. 장기적으로 일하기를 원하는 사람과 일자리를 연결함으로써 이들을 포용하는 시스템을 만들었습니다.

노동개혁을 진행하면서 독일 정부는 두 가지 원칙을 고수했습니다. 바로 '지원과 수요'의 원칙입니다. 적극적으로 취직을 원하는 사람, 최선을 다해서 고용 기회를 찾는 사람만이 공공 혜택을 받을 수 있도록 한 것입니다. 즉, 독일 정부는 개인에게 먼저 스스로 할 수 있는 모든 노력을 기울이라고 요청했습니다. 그리고 이렇게 자신이 해야 할 일을 다 한 사람에게만 정부가 지원을 하겠다고 선언했습니다. 그 결과 사람들 사이에서 '일을 하지 않는 것보다 어떠한 일이라도 하는 것이 낫다'라는 인식이 퍼졌습니다. 비록 정규직이 아니더라도 미니잡(mini job, 독일의 고용형태 중 하나로 근로시간을 짧게 나눈 저임금 일자리 -편집자)을 선택하도록 인식의 변화를 꾀한 것입니다. 더불어 자영업자, 창업 기업에 대한 지원도 늘렸습니다.

행정당국 또한 기존의 태도를 바꿔 나갔습니다. 과거에 다소 권위주의적인 입장에서 규제를 가했다면 이제는 좀 더 '기업가 정신'을 발휘하고자 노력했습니다. 이른바 정부가 '변화의 주체'로 나선

"가장 좋은
노동정책이란
결국 교육정책과
연관되어야
합니다."

것입니다. 과거처럼 일방적으로 권위를 행사하는 기관으로서의 공공당국이 아니라, 공공서비스를 필요로 하는 수요자의 니즈에 맞춰진 서비스업체로서의 변신을 꾀하기 시작했습니다. 이런 변화의 기저에는 공공기관 역시 기업가 정신을 가질 필요가 있다고 인식했기 때문입니다. 이를 위해 민간기업에서 일했던 사람도 많이 채용했습니다.

그 결과 우리는 고용률은 높이고 실업률은 낮출 수 있었습니다. 이제 독일 인구 중에서 약 4300만 명이 일을 하고 있으며 청년 실업률은 유럽에서 가장 낮은 수준인 6퍼센트밖에 되지 않습니다.

교육만이 청년 실업률을 낮출 수 있다

청년 실업률을 낮추기 위해 독일은 '이중 직업교육' 제도를 강화했습니다. 독일은 중·고등학교에서 학교교육과 실무교육을 2~3년 병행하도록 합니다. 일을 하면서도 학습을 계속해나가도록 한 것입니다. 바로 '일-학습 병행제'를 말합니다. 현재 전체 독일 기업 중 약 30퍼센트가 이 제도를 통해 신규 직원을 훈련시키고 있습니다. 또 독일 청년의 약 절반이 이 정책에 참여하고 있습니다.

일-학습 병행제는 모든 업종에 적용 가능할 뿐만 아니라 청년 실업률을 낮추는 데에 큰 기여를 하고 있습니다. 독일에게는 상당히 중요한 정책적 수단이라고 할 수 있습니다.

물론 이 정책이 완전히 성공했다고 보기는 힘듭니다. 6퍼센트 실업률은 독일 정부가 보기에 여전히 높은 수치입니다. 3~4퍼센트가 적당할 것입니다. 독일에는 아직까지 100만 명의 실업자가 존재합니다. 과거 200만 명에서 절반을 줄였다고 하지만, 나머지 100만 명은 쉽게 줄지 않고 있습니다. 독일 정부는 지금도 이 100만 명의 실업자 문제를 해결하기 위해 고군분투 중입니다.

일련의 노동개혁을 추진한 결과 우리는 가장 좋은 노동정책이란 결국 교육정책과 연관되어야 한다는 사실을 깨달았습니다. 결론적으로, 교육에 투자하는 것이 아주 중요합니다. 고등교육은 물론이거니와 유치원 교육에도 투자해야 합니다. 3~6세, 그러니까 뇌가 빠르게 성장하는 나이 때부터 국가가 투자를 해야 이후 개인의 평생학습도 지속될 수 있습니다. 이 일은 모든 사회 계층이 함께 나서야 합니다. 독일의 경우 일-학습 병행제에서 소외되어 있고 자격증 취득도 힘든 청년의 대부분은 저소득층 자녀들입니다. 이들은 여전히 많은 기회를 제대로 활용하지 못하고 있습니다. 가정환경이 어떠하든 간에 누구나 동등한 기회를 보장 받아야 합니다. 이는 독일 정부가 아직 풀지 못한 숙제이기도 합니다.

노동개혁이란 사람들을 미래의 희망에 참여시키는 것

2011년 정부 관리로 일하기 전까지 저는 정치권과는 상관 없는 사람이었습니다. 당시 이탈리아는 금융위기라는 특수한 상황에 있었습니다. 이러한 위기를 알려준 신호탄이 있었습니다. 바로 이탈리아 국채와 독일 국채 간의 금리 격차가 점차 커진다는 사실이었습니다. 이는 이탈리아가 향후 공공 부문의 인건비를 감당하지 못하고 교육비, 더 나아가 연금을 지불할 여력이 없어진다는 것을 의미합니다.

저는 당시 노동복지부 장관을 지냈습니다. 정부는 장시간 굉장히 어려운 문제들을 다뤄야만 했습니다. 가장 먼저 단행한 것이 연금개혁입니다. 매우 긴급한 상황이었기 때문에 제가 취임하고 20여 일 뒤에 실시됐습니다, 따라서 연금개혁에 대해 충분한 사회적 합의가 이뤄지지 않았던 상태였습니다. 하지만 그 뒤에 진행된 노동

엘사 포르네로 Elsa Fornero 전 이탈리아 노동복지부 장관으로, 토리노대학 경제학 교수로 재직하고 있다. 노동복지부 장관을 지낼 당시 그는 이탈리아 내 세대간 경제갈등을 해결하기 위해 이탈리아의 노동시장 및 금융시장의 중장기적 구조개혁 초안을 마련하였다. 독일 노동연구소(IZA) 정책연구위원, OECD 산하 국제네트워크(INFE)의 연구위원 등 다양한 직책을 맡고 있다.

개혁의 경우 연금개혁과는 다른 과정을 거치게 되었습니다. '사회적인 대화가 먼저'라는 전제하에 진행된 것입니다. 사회적 파트너인 노조, 경제인 연합회 등과 협의를 했고 의회의 승인을 받아야 했습니다. 노동개혁을 승인받는 데에만 5개월이라는 시간이 걸렸습니다.

개혁이 실제 삶에 어떤 영향을 끼치는지 생각해보라

그 당시 정부는 검토할 수 있는 모든 문제를 검토했습니다. 제가 이런 말씀을 드리는 이유가 있습니다. 경제학자인 저는 기술적인 측면에서 노동개혁에 무엇이 필요한지 이미 알고 있습니다. 또 노동시장이 제대로 기능하기 위해서는 어떤 정책을 취해야 하는지도 이론적으로는 이미 알고 있습니다. 그리고 학자들 사이에서도 어느 정도는 합의된 것이 있습니다. 여기에서 중요한 첫 번째 충고를 드리고자 합니다. 그것은 바로 '아는 것' 즉, '어떤 것이 이러해야 한다'며 이론적으로 아는 것과 '실제 사람들의 삶에 영향을 끼치는 개혁을 실행하는 것'은 상당히 다르다는 점입니다.

무엇인가를 분석하는 데 익숙한 저는 일단 문제를 분석하기 시작했습니다. 그랬더니 몇 가지 사실이 보였습니다. 우선, 남부와 북부 사이에 여성들의 노동시장 참여도에서 상당한 차이가 있었습니다. 북부는 그렇지 않지만 남부는 40퍼센트이거나 그 이하였습니다. 따라서 국민들, 특히 여성의 낮은 노동시장 참여가 문제라는 사실을 알게 되었습니다.

두 번째는 높은 청년 실업률이었습니다. 당시 일반 실업률이 12퍼센트를 약간 상회한데 비해 청년 실업률은 무려 36퍼센트에 달했습니다. 이렇게 큰 차이가 난다는 것은 곧 '노동시장의 파편화'가 진행됐다는 것을 의미합니다. 노동시장이 제대로 기능하지 못한다는 뜻이고, 한번 노동시장에서 퇴출되면 재진입이 힘들다는 사실을 말합니다.

세 번째는 당시 학교와 경제 간의 연결 고리가 약하다는 사실입니다. 다시 말해, 학교교육이 일자리를 구하는 데 큰 도움이 되지 못하고 있었습니다. 이를 해결하고자 이탈리아 정부는 독일의 '도제 제도'를 도입하는가 하면 다른 우수한 사회보호 제도를 동시에 시행하게 되었습니다.

개혁을 법에서 시작하지 마라

이탈리아에서는 해고하기가 대단히 어려웠습니다. 그러다 보니 노동개혁의 장애물이 되곤 했습니다. 해고를 용이하게 할 수 있게 유도하다 보니 많은 사람들의 반대와 비판을 받은 것도 사실입니

"개혁이란
기본적으로
한 사회 안에서
사람들의 지지를
받아야 가능합니다."

다. 대신 해고 이유가 경제적인 가치를 창출하지 못한 경우 정부 지원을 받을 수 있도록 했습니다. 우선, 금전적인 지원을 제공했으며 고용과 관련된 사회보험도 적용시켜 주었습니다. 이것은 단순한 실업수당이 아니었습니다. 새로운 일자리를 찾도록 일정한 혜택을 주는 것이 핵심입니다. 이렇게 될 때 보다 역동적인 정책이 됩니다.

노동정책이 잘 수행되기 위해서는 노동시장의 특징을 잘 이해해야 합니다. 개혁은 단순히 법에서 끝나는 문제가 아니기 때문입니다. 개혁이란 기본적으로 한 사회 안에서 사람들의 지지를 받아야만 효율적으로 진행할 수 있습니다. 이것은 곧 사회의 변화를 의미하기 때문에 효과적으로 추진하지 않으면 실효를 거둘 수 없습니다. 사회적 변화란 곧 제도를 바꿔 의식과 정신 상태를 바꾸는 것입니다. 따라서 의미 있는 사회적 변화를 만들려면 사람들이 개혁 프로세스에 참여해야만 합니다. 이는 단순히 현재의 희생에 동참하는 것을 넘어 미래의 혜택도 얻을 수 있다는 희망에 참여시키는 것을 의미합니다. 이러한 과정에는 분명 시간이 걸립니다. 시간의 축적 없이는 특정한 형태로의 변화를 꿈꿀 수 없습니다.

질문과 답변

Q 한국이 구조조정에서 매우 고민하고 있는 지점은 바로 사용자와 노동자의 현격한 입장 차이에 있습니다. 한편에서는 대량 해고가 발생하고 다른 한편에서는 노동조합이 조합원의 임금 인상을 위해 투쟁하고 있는 상황입니다. 독일 사례를 들으면서 인상적인 것은 '개혁을 위해서 노사가 깊은 신뢰를 바탕으로 위기 극복에 대한 명확한 목표를 공유하고 협력을 했다'는 점입니다. 구조조정 과정에서 노사 각각의 역할은 무엇이며 이를 제대로 수행하려면 무엇을 보완해야 하고 어떤 역할과 기능을 보충해야 할까요?

볼프강 클레멘트 독일도 유사한 어려움을 겪었습니다. 저희는 무엇보다 기업 내에서의 협력을 위해 열심히 뛰었고 노측과 사측의 협력을 위해서도 애썼습니다. 대기업 또한 이 사회의 협력을 끌어내기 위해 상당한 노력을 했습니다. 독일과 한국 같은 선진 국가에서는 무엇보다 구성원 간 합의를 도출하는 것이 매우 중요합니다.

또 노동자를 보는 관점도 달라져야 합니다. 지금은 누구든 자영업자가 될 수 있고 창업도 할 수 있는 시대입니다. 100년 전의 노동자와는 다릅니다. 이제는 노동자 한 명 한 명을 '개별 기업가'로 봐야 합니다. 한 기업에 1만 명의 직원이 있다고 한다면 이 직원들 모두 언제든 다른 기업으로 옮겨갈 수 있다고 생각해야 합니다. 이는 곧 노동자 한 명 한 명이 우리의 협력의 대상이라는 의미입니다. 다시 말해서 노측이나 사측이나 협력을 통해 미래를 논의할 수 있는 주체가 되어야 합니다.

직원도 마찬가지입니다. 회사가 성공하기를 바란다면 당연히 협력적인 자세를 가져야 합니다. 어떤 면에서 직원은 경영자보다 회사가 잘 되기를 바라는 마음이 큽니다. 경영자는 다른 회사의 경영진이나 임원으로 갈 수 있지만 노동자는 그러기가 쉽지 않기 때문입니다. 지금은 100년 전 자본가와 노동자 사이의 갈등 양상과는 상당히 다르고 서로가 좀 더 협력할 수 있는 분위기가 충분히 무르익었다고 생각합니다.

독일은 결국 협의를 통해서 일정 기간 임금을 더 이상 올리지 말자는 결론에 도달했습니다. 물론 당시에는 쉽지 않은 결정이었습니다. 그러나 더 큰 미래를 위한 결정이었고 그 결정이 있었기 때문에 독일이 경제 위기를 극복할 수 있었다고 봅니다.

The 7th
ASIAN
LEADERSHIP
CONFERENCE
ChosunMedia
TV
CHOSUN

Q 한국 사회는 1990년대에 외환위기를 맞이하면서 '노동의 유연화'가 상당히 많이 진행됐습니다. 그 결과 장기적으로 근무할 수 있는 안정적인 직업을 가진 소수와 단기계약을 할 수밖에 없는 불안한 다수로 나뉘게 되었습니다. 지금 젊은 세대들은 직업을 갖더라도 미래에 대한 계획을 세우기 어려워서 결혼과 출산뿐만 아니라 노후 준비도 포기하기에 이르렀습니다. 이것이 노동 유연화의 결과라는 점에서 많은 비난을 받기도 합니다. 그럼에도 불구하고 이러한 노동의 유연화를 위한 혁신이 계속 필요한지 묻고 싶습니다. 또한 미니잡이라는 것 역시 긍정적인 점은 있지만 불안정하고 임금이 낮다는 점에서 아예 미니잡을 갖지 않으려는 사람도 늘지 않을까 생각합니다. 이런 상태에서 어떻게 '실업보다 차라리 미니잡이 낫다'는 설득이 가능한지 궁금합니다.

볼프강 클레멘트 저희는 "미니잡을 가지라"고 설득하기보다는 "사람이라면 무슨 일이든 해야 한다"라는 관점에서 설득했다는 것이 더 정확합니다. 미니잡은 하나의 예일 뿐, 고용에는 다양한 형태가 있습니다. 특히 최근에는 미니잡이 노동시장에 진입하는 한 형태로 자리잡으면서 점차 미니잡의 수가 줄고 있습니다. 청년들이 미니잡만으로 평생을 살아갈 수는 없습니다. 특히 숙련도가 낮은 사람의 경우 이미 성숙한 노동시장에 진입하기가 어려운 것이 사실입니다. 이런 상황에서는 "아무 일도 하지 않는 실직 상태보다는 미니잡이 더 낫다"는 의미입니다.

미니잡은 하나의 예일 뿐, 계속 다른 방법을 찾아야 합니다. 한때 독일에서는 거의 500만 명이 실직 상태에 있었습니다. 그때 미니잡은 매우 효율적이었습니다. 너무 많은 사람들이 실직 상태였기 때문에 이를 즉각적으로, 또 효율적으로 해결하기 위해서는 다양한 고용의 기회를 만들어야 했고 그 중 하나가 바로 미니잡이었을 뿐입니다. 이제 또 다른 투자와 방법이 나와야 한다고 생각합니다.

엘사 포르네로 미니잡은 결코 그 자체로 해결책이 아닙니다. 청년들이 미니잡에 갇히게 되면 오히려 그것은 하나의 리스크가 될 수 있습니다. 그래서 이탈리아는 대응책으로 정규직과 비정규직의 중간 정도에 해당하는 '싱글 컨트랙트single contract'라는 개념을 제시합니다. 노동시장에 처음 진입할 때는 조심스럽게 들어갈 수 있는 길을 열어주고 그 후에는 점점 더 커리어를 발전시켜 나가도록 방향을 함께 모색하는 것입니다. '확실한 보호책'이라고 할 수는 없지만 좀 더 안정적인 일자리를 가질 수 있도록 제도를 강구했습니다. 그리고 평생교육이 무엇보다 중요합니다. 설사 몇 달 동안 일자리가 없다 하더라도 시간을 허비하지 않도록 해야 합니다.

3장

경제는 과연 더 성장할 수 있는가

로버트 고든
노스웨스턴대학 교수

앞으로 미국이나 한국은 몇 가지 역풍을 맞게 될 것입니다. 이 역풍 때문에 생산성의 향상이 느려질 것입니다. 4가지 역풍은 다음과 같습니다. 첫째, 경제 성장에 대한 교육의 낮은 기여도. 둘째, 인구고령화. 셋째, 소득의 절반이 상위 1퍼센트에게 몰리는 불평등의 심화. 넷째, 재정적인 역풍을 말합니다.

경제를 더 성장시키기 위해 무엇을 해야 하는가

오늘날 미국은 세 분야에서 성장 둔화를 겪고 있습니다. 우선 잠재적인 노동생산성, 잠재적인 근로시간이 떨어지고 있습니다. 근로시간에 노동생산성을 곱하면 총 생산성을 구할 수 있습니다. 다시 말하면, 노동생산성이 떨어지면 근로 시간이 둔화되고 생산 가능 인구도 줄어든다는 얘기입니다. 한국 또한 인구 관련 지표가 악화되고 있습니다. 노동 가능 인구 비율이 떨어지는 데다 은퇴는 계속되기 때문입니다. 즉, 전반적으로 경제활동 연령에 있는 사람들이 노동시장에 참여하지 못하기 때문입니다.

그렇기 때문에 총 GDP 성장률을 봤을 때 지난 2004년까지 30년 동안의 성장률은 3.12퍼센트이었습니다. 하지만 최근 11년을 보면 그 절반의 성장밖에 이루지 못했습니다. 실제 GDP 성장률이 반감되었다는 것입니다. 이것을 이해하기 위해서는 인류가 걸어온 혁신

로버트 고든 Robert Gordon 노스웨스턴대학 교수로 생산성과 경제 성장, 인플레이션, 고용 등의 상관관계를 연구한 세계적인 거시 경제학자다. 2013년 블룸버그가 선정한 10대 영향력 있는 사상가에 선정된 바 있으며 2012년 발표한 논문을 계기로 미국 내 혁신 논쟁에 불을 붙였다. 하버드대를 졸업하고 영국 옥스퍼드대에서 석사, 메사추세츠공대(MIT)에서 박사 학위를 받았다.

의 발자취를 살펴봐야 합니다.

디지털 혁명은 지속성 측면에서 실패했다

우리는 세 번의 산업혁명을 겪었습니다. 첫 번째는 아시다시피 제1차 산업혁명입니다. 이 혁명은 19세기까지만 영향을 미쳤습니다. 증기, 엔진, 철도, 증기선 등이 출현했고 방적 기기가 발명되었습니다. 그리고 목재, 철강으로 소재도 바뀌었습니다. 하지만 첫 번째 산업혁명은 일종의 전주곡일 뿐이었습니다.

중요한 것은 두 번째 산업혁명입니다. 전기와 엘리베이터가 발명되었고 도시로 사람들이 몰리기 시작했습니다. 이른바 '도시화'가 시작된 것입니다. 그러면서 에어컨 같은 기계가 속속 등장하기 시작했습니다. 내연기관의 출현과 함께 차량, 비행기도 발명되었습니다. 또 이 시기에는 전화, 영화, 라디오, TV도 등장했습니다. 이를 통해 커뮤니케이션은 나날이 발전했습니다. 상하수도가 진화하면서 감염성 질병을 극복할 수 있었고, 영아 사망률을 획기적으로 낮출 수 있었습니다. 플라스틱, 항생제, 여러 현대 의약품도 등장했습니다. 이를 통해서 근로조건도 많이 바뀌었습니다. 1970년대에는 남성의 절반이 농장에서 일을 했기 때문에 각종 해충에 직접 노출됐지만 화학 약품의 발명으로 열악한 환경을 상당 부분 개선할 수 있었습니다. 세탁기는 물을 길어 손으로 빨래를 했던 여성의 수고도 덜어주었습니다. 공장에서는 증기 엔진과 컨베이어 벨트가 돌아갔습니다. 너무 춥거나 더웠던 사무실이 이제는 중앙 냉난방이 가능한 쾌적한 공간으로 바뀌었습니다. 1950년대에는 말이 끄는 마차에서 자동차로, 농촌 사회에서 도시 사회로 탈바꿈했습니다.

이런 변화는 생산성에 큰 영향을 주었습니다. 결국 많은 혁명과 변화들이 총 요소생산성(total factor productivity, 노동, 자본 뿐만 아니라 기술, 제도, 근로자의 업무 능력 등을 종합적으로 반영한 생산 효율성 분석 지표 -편집자) 증대에 기여를 했습니다. 교육이나 기계를 배제한다 해도 결국 총 요소생산성은 1960~1970년대 사이에 가장 크게 늘었습니다. 그러다가 1990년대 말에 치솟았다가 다시 떨어졌습니다. 총 요소생산성 성장에 있어서 최악의 시기가 바로 최근 5년 동안입니다.

제3차 산업혁명은 디지털 혁명입니다. 컴퓨터, 스마트폰 등 커뮤니케이션과 관련된 것입니다. 하지만 이것은 두 가지 측면에서 실패했습니다. 디지털 혁명으로 인한 총 생산성 증대 효과는 1920년대부터 1970년 사이의 생산성 증대와 비교했을 때 3분의 1밖에 되지 않습니다. 두 번째 실패는 바로 '지속성'입니다. 다시 말해, 우리가 제3차 산업혁명을 통해서 생산성을 높이긴 했지만 생산성 증가가 10년밖에 지속되지 않았다는 것입니다. 결국은 제3차 산업혁명의 생산성 증대 효과는 이미 실현되어버린 것이 아닌가, 그래서 더 이상의 생산성 증대 효과는 소멸된 것이 아닌가 하는 생각이 듭니다.

기술 혁명은 여기서 멈췄는가

많은 변화가 1970년대부터 있었습니다. 처음에는 타자기와 계산기가 도입됐습니다. 70년대에는 메모리와 계산 기능을 갖춘 타이프라이터, 즉 초보적 컴퓨터가 등장했습니다. 1980년대에 들어서 워드 프로세싱과 스프레드시트를 운용할 수 있는 개인용 컴퓨터PC가 나왔습니다. 그 후 이메일, 전자 카탈로그, 소프트웨어들이 개발되었습니다. 그리고 인터넷의 시대가 왔습니다. 인터넷이 출현했을 때는 타자기와 서류함에서 출발한 산업근대화가 파일캐비넷을 시작으로 전자 기기를 통해 질적 변화를 이루기 시작했습니다. 웹브라우저, 검색엔진, e커머스가 도래하기 시작했고 2000~2005년에는 평면 스크린은 물론 공항에는 자동 체크인 시스템이 생겼습니다. 그리고 2005년에 이런 혁명은 이미 막을 내린 상태가 됐습니다. 그러니까, 우리가 사무실에서 흔히 하는 일들, 지금 이 강연장에서 파워포인트를 사용하는 것 역시 실은 10년 전 우리의 모습과 많이 다르지 않습니다.

제가 강조하고 싶은 것은 전자 카탈로그가 가져온 변화입니다. 1985년부터 2005년까지 많은 변화가 생겼습니다. 대학과 공공 도

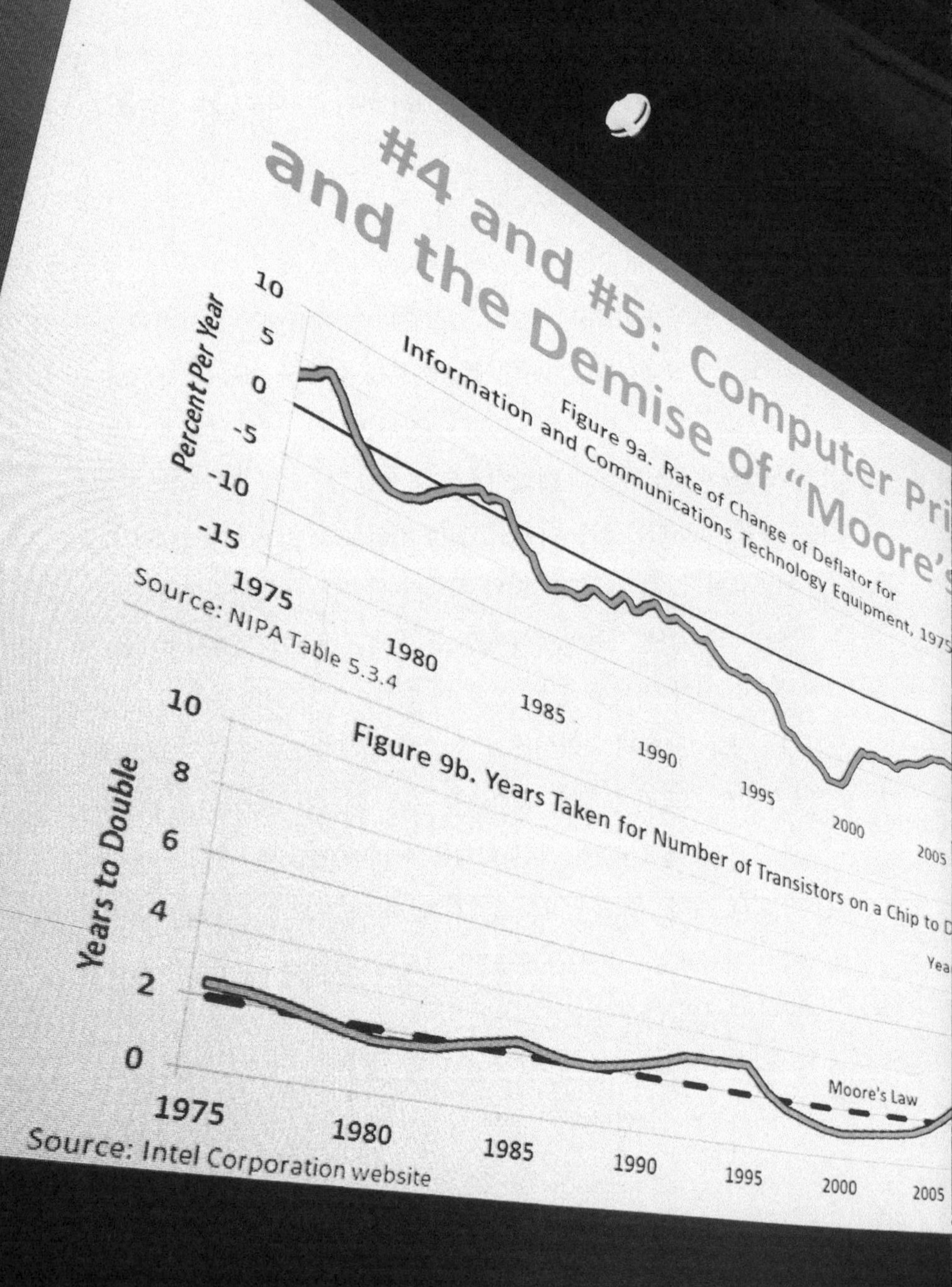
#4 and #5: Computer Pri
and the Demise of "Moore's
Figure 9a. Rate of Change of Deflator for
Information and Communications Technology Equipment, 1975
Percent Per Year
10
5
0
-5
-10
-15
1975
1980
1985
1990
1995
2000
2005
Source: NIPA Table 5.3.4
Figure 9b. Years Taken for Number of Transistors on a Chip to D
Years to Double
10
8
6
4
2
0
Moore's Law
1975
1980
1985
1990
1995
2000
2005
Source: Intel Corporation website

ChosunMedia
THE CHOSUNILBO

TV
CHOSUN

"디지털 혁명이라 불리는 제3차 산업혁명은
생산성 증대 효과와 지속성이라는
두 가지 측면에서 실패했습니다."
#4 and #5: Computer Prices
and the Demise of "Moore's Law"

서관, 학교 도서관, 자동차 대리점의 부품 부서를 생각해봅시다. 전자 카탈로그가 없었던 시절에는 종이 카드를 사용했습니다. 도서관에 가도 종이 카드가 있었고, 여기에 일일이 기록함으로써 관리를 했습니다. 유통업체 역시 이런 방법을 통해 재고를 파악했지만 이제는 전자 카탈로그로 바뀌면서 재고를 한눈에 볼 수 있습니다. 하지만 이러한 혁신 역시 2005년에 다 끝났습니다.

미국에는 '빅박스Big Box 혁명'이라고 불리는 대규모 매장 변화가 있었습니다. 월마트, 홈디포 같은 대형매장이 등장하면서 공급체인과 재고관리에 혁신이 일어났습니다. 그리고는 계산대 혁명이 일었습니다. 바코드 스캐너가 나왔고, 직불과 신용카드 승인기술이 발전하면서 계산대에 있는 셀프 체크아웃 카운터가 등장했습니다. 이러한 모습 역시 지금과 크게 다르지 않습니다. 겪을 수 있는 변화는 이미 15년 전에 다 겪었다는 얘기입니다.

은행은 어떨까요? 현금 인출기가 나왔고 인터넷을 통해서 증권거래를 하고 있습니다. 그런데 이러한 발전에서 본다면 은행원이나 증권사 직원들은 모두 사라졌어야 합니다. 이제까지의 기술 발전의 속도라면 직원을 대체할 만한 다른 시스템이 등장했어야 합니다. 하지만 이상하게도 은행원과 증권사 직원은 여전히 존재합니다. 더 이상의 기술 발전은 이제 없는 걸까요?

과거와 같은 찬란한 생산성의 시대는 없다

이제 인터넷 시대가 왔습니다. 아마존이 1994년, 구글이 1998년, 위키피디아와 아이튠즈가 2001년에 등장했습니다. 모두 15년 이상 된 이야기입니다. 발명이나 혁신이 정체되었다는 것입니다. 이미 15년 전에 말입니다. 사무실에서는 과거에 하던 일들을 그대로 하고 있습니다. 유통업계에서는 아직도 서비스 직원이 손님을 응대하기 위해 서 있고 병원의 의사나 간호사가 하는 일도 똑같습니다. 다만 환자를 보는 대신 컴퓨터 화면을 들여다보는 것만 달라졌습니다.

고등교육과 관련해서도 살펴볼 것이 있습니다. 특히 미국 같은 경우는 엄청난 비용의 인플레이션이 생겼습니다. 행정 비용이 높아졌다는 얘깁니다. 그렇다고 교육의 질이 높아진 것도 아닙니다. 그래서 저는 과거와 같은 생산성의 회복은 다시 일어나지 않으리라 생각합니다. 우리 경제의 다양한 측면과 변수들을 살펴봤을 때, 이런 혁명은 다시는 도래하지 않을 것입니다.

미국만 봐도 비즈니스 역동성이 많이 떨어지고 있습니다. 새로운 기업들이 시장에 진출해 성공하는 확률이 확연히 떨어지고 있는 겁니다. 투자도 많지 않습니다. 2000년도까지 중간의 몇 년만 빼고는 투자가 꽤 활발했지만 이제 더는 투자가 이뤄지지 않고 있으며 따라서 새로운 생산성 향상도 기대하기 어렵습니다. 제조업 생산능력의 성장률은 어떨까요? 1970년대부터 1995년까지 처음에는 2~3퍼센트로 시작해서 8퍼센트까지 향상되었습니다. 하지만 최근에는 0~2퍼센트로 떨어졌습니다.

컴퓨터 기술과 관련된 수치 역시 90년대 후반에 정점을 찍었고 1999년과 2000년이 되면서 컴퓨터 가격이 빠른 속도로 떨어지고 있습니다. 매년 15퍼센트씩 떨어져서 절반 가격으로 떨어진 상태입니다. 무어의 법칙(반도체 집적회로의 성능이 2년마다 두 배로 증가한다는 법칙으로 인텔의 창업자인 고든 무어가 주장했다 -편집자)이라는 것이 있습니다. 70년대에는 이 법칙이 통했습니다. 1995년에서 2005년 사이만 해도 그것이 두 배로 더 빨리 진행되다가 갑자기 모든 것이 무너지기 시작했습니다. 무어의 법칙이 과거처럼 2년이 아니라 6년이 걸리는 것입니다. 다시 말하면 90년대 후반에 일어났던 역동적인 변화들이 이제 더는 일어나지 않고 있습니다.

예상과는 많이 다른 미래일 것이다

지금 어떤 일이 벌어지고 있는지 조금 더 살펴보겠습니다. 우선 의료 서비스를 보겠습니다. 미국에서는 2014년 대비 2015년에 기대수명이 떨어졌습니다. 미국의 기대수명은 캐나다, 한국, 유럽,

일본보다 짧습니다. 노벨상 수상 경제학자인 앵거스 디턴 교수가 놀라운 연구 결과를 발표했습니다. 45~54세 미국 백인의 사망률이 점점 높아지고 있다는 것입니다. 또 빈부격차에 따른 기대수명도 점점 격차가 벌어지고 있습니다. 상위 10퍼센트에 속한 남자는 80세까지 살 수 있고 하위 10퍼센트의 경우는 70세까지 살 수 있습니다. 소득에 따라서 최대 10년의 차이가 생긴다는 이야기입니다. 또 다른 측면의 변화도 있습니다. 사람들이 장수하면서 몸은 더 오래 살게 됐지만 문제는 알츠하이머, 치매 등 정신 질환이 심해지고 있는데다, 더 심각한 것은 치료 방안이 없다는 것입니다.

로봇도 꾸준히 발전하고 있습니다. 1961년에 GM이 최초의 산업용 로봇을 개발했습니다. 로봇이 승용차 차체를 조립하고 또 페인팅까지 했습니다. 로봇이 계속 진화를 해왔지만 그 속도는 다소 느렸던 것이 사실입니다. 최근 한 로봇 경연대회에서 1등을 한 로봇은 사람이 5분 안에 끝낼 수 있는 일을 무려 45분이나 걸려서 했습니다. 3D 프린팅도 프로토 타입이나 모델을 만들 때는 도움이 되지만 대량 생산을 해내는 수준은 아닙니다. 인공지능도 큰 발전을 했지만 그 속도는 여전히 느리다고 볼 수 있습니다. 마케팅 분야에서 빅데이터에 대한 분석, 컴퓨터에 대한 분석을 하고는 있지만 사실은 경쟁사로부터 고객을 빼앗아오기 위한 데이터의 사용일 뿐입니다. 실은 제로섬 게임에 불과합니다.

젊은 변호사들도 이제는 일자리를 잃고 있습니다. 컴퓨터가 법적인 판례를 더 빨리 찾아 주기 때문입니다. 자율주행 자동차, 무인자동차에 대한 얘기도 많이 나오고 있습니다. 하지만 지나친 환상은 금물입니다. 5년 뒤에는 차 안에서 카드게임을 하면서 주행할 수 있고, 스마트폰을 보면서 창밖의 상황에 개의치 않고 운전할 수 있으리라 예상하지만 사실은 전혀 그렇지 않습니다. 여전히 수백만 대의 기존 차들이 달리고 있을 것입니다. 도로를 2D가 아닌 3D에 맞는 환경으로 조정해야 하기 때문에 쉽지가 않습니다. 또 눈이나 비가 오면 도로에 있는 표지판을 구별하는 데 많은 어려움을 겪을 것입니다. 특히 트럭 운전을 무인으로 하는 데에는 문제가 있습니다. 목적지에 도착하면 박스를 옮기는 일련의 작업 때문에 트럭 운전사가 필요할 것이며 하역을 위한 별도의 사람이 필요할 것입니다.

한국이 맞게 될 4가지 역풍

물론 혁신은 끝나지 않았습니다. 인공지능과 로봇, 무인자동차가 꾸준히 발전하고 있습니다. 다만 그것으로 인한 생산성이 90년대처럼 눈부시게 향상되지는 않을 것입니다. 오히려 70년대처럼 천천히 이루어질 것입니다. 그리고 이미 경제 구조가 고도화된 미국이나 한국 같은 나라들은 몇 가지 역풍을 맞게 되리라 예상합니다. 이 역풍 때문에 생산성이 향상되는 속도 역시 느려질 것입니다. 4개의 역풍은 다음과 같습니다. 첫째, 경제 성장에 대한 교육의 낮은 기여도. 둘째, 인구고령화. 셋째, 소득의 절반이 상위 1퍼센트에게 몰리는 불평등의 심화. 넷째, 재정적인 역풍이 그것입니다.

첫 번째 문제는 교육입니다. 20세기의 놀라운 경제 성장은 상당 부분 교육 기회의 확대 덕분이었습니다. 상당수의 사람들이 고등학교를 가지 않는 시절도 있었지만 70년대에는 80퍼센트의 인구가 고등학교를 졸업했습니다. 그런데 고등학교를 졸업 후 2년제 전문대학에 진학해서는 대부분의 사람이 학교를 중퇴합니다. 4년제 대학도 비슷한 문제가 있습니다. 졸업생 절반이 대학 교육이 필요 없는 일자리를 얻습니다. 교육비용이 올라가는데, 그 교육이 생산성 향상에는 기여하지 못하는 것입니다. 설상가상으로 그에 따른 빚도 증가하고 있습니다. 그 결과 젊은 부부들이 과거처럼 아이를 낳고 가정을 꾸리는 데 많은 어려움을 겪고 있습니다.

다른 나라와 비교했을 때 미국 학생들의 성적도 좋지 않습니다. OECD 34개 국가 중 국제 학업성취도평가PISA에서 미국 학생들의 읽기 실력은 17위, 과학은 20위, 수학은 27위를 기록하고 있습니다. 결코 좋은 성적은 아닙니다. 또 미국은 인구대비 대학 졸업률 또한 1위에서 16위로 떨어졌습니다. 전반적으로 교육이 사회에 기여하는 바가 줄면서 노동생산성이 매년 최대 3퍼센트까지 떨어졌습니다.

두 번째로, 인구고령화가 심각한 문제로 대두되고 있습니다. 1947년과 1964년에 태어난 베이비붐 세대가 은퇴하고 있습니다. 또 10년 전부터 중장년층과 젊은이들의 경제활동이 줄고 있습니다. 한참 일해야 할 사람들이 일자리를 찾지 못하면서 경제 성장에도 악영향을 끼칩니다.

세 번째 문제는 불평등은 갈수록 심화되고, 소득이 늘어나는 속도는 극도로 미미하다는 점입니다. 소득성장률이 1퍼센트 미만인 경우, 전체의 99퍼센트에 해당하는 사람들의 소득성장률은 0.5퍼센트밖에 되지 않습니다. CEO, 연예인, 스포츠 선수들이 높은 연봉을 누리고 있는 것과 달리 기업에서 일하는 직원들은 퇴직금, 의료보험 혜택이 줄고 있으며 회사는 풀타임 근로자들을 파트타임으로 교체하려고 합니다. 미국의 경우 풀타임으로 일하고 싶어 하는 600만 명의 근로자들이 현재 파트타임으로 일하고 있습니다.

또 다른 나쁜 소식은 혼인율이 떨어지고 혼외 자녀가 늘고 있다는 점입니다. 백인 고등학교 졸업생의 경우 편부모 가정에서 자라는 자녀의 수가 4퍼센트에서 34퍼센트로 늘었습니다. 흑인 고등학교 졸업생의 경우는 48퍼센트에서 74퍼센트로 늘었습니다. 40세 이상 여성들을 기준으로 봤을 때 낳아준 부모와 같이 사는 아이들

"우리 경제의 다양한 측면과 변수들을 살펴봤을 때,
과거와 같이 폭발적으로 생산성이 증가하는 혁명적
변화는 다시 일어나지 않을 가능성이 높습니다."

의 수는 95퍼센트에서 34퍼센트로 줄었습니다.

엄마가 혼자 아이를 키우는 편모 가정이 늘면서 그 아이들이 자라서도 가난 속에서 살아갈 확률도 높아지고 있습니다. 고등학교를 중퇴할 확률이 높고, 대학을 가더라도 중퇴할 확률이 높습니다. 범죄자가 될 확률 또한 높습니다. 시카고에 거주하는 20~24세의 흑인 남자들 중 46퍼센트가 학교도 다니지 않고 일도 하지 않습니다. 물론 일자리를 구하고 있지 않기 때문에 공식적인 실업자로 집계되지도 않습니다. 뉴욕과 LA에서도 32퍼센트가 동일한 상황에 처해 있습니다. 교육 성과가 낮기 때문에 생산성이 떨어지고 1인당 소득이 시간당 생산을 따라가지 못하고 있습니다. 그 결과 재정 적자로 인해 세금이 올라갈 수밖에 없는 상황입니다. 성장이 꺾인 것입니다.

지난 100년이라는 시간 동안 실질 생산성 증가율은 매년 2퍼센트 이상이었습니다. 저는 앞으로 25년 동안에는 매년 1.2퍼센트 정도가 되리라고 봅니다. 이것은 1970년대의 숫자와 비슷합니다. 1인당 생산성을 어떻게 봐야 할까요? 베이비붐 세대가 은퇴하면서 근무시간이 단축될 것과 인구고령화 추세를 고려해야 합니다. 불평등의 격차는 더욱 벌어질 것입니다. 인구가 줄면서 정부의 세수 또한 줄 게 뻔하고 그렇게 되면 세금은 오르게 될 것입니다. 이것이 재정적인 역풍입니다.

그래도 혁신밖에 없다

지금까지 비관적인 이야기를 많이 했지만 지나치게 걱정할 필요는 없습니다. 1890년 이후에 총 요소생산성 성장의 70퍼센트는 1920년과 1970년대 사이인 50년 사이에 일어났습니다. 총 요소생산성이 끼친 영향은 제3차 산업혁명 때 그 결과가 나타나기 시작했고 2005년에 완성되었습니다. 이 모든 것 역시 '혁신' 때문에 가능한 일이었습니다. 하지만 혁신은 생산성이나 1인당 생산성 향상에 큰 영향을 끼치지 않았습니다. 기술 수준이 낮았기 때문이 아니라 역풍이 있었기 때문입니다.

낙관적인 이야기 하나만 하면서 이야기를 끝내겠습니다. 컴퓨터가 우리의 일을 뺏지는 않을 것입니다. 컴퓨터의 지능과 기술의 발전은 혁명적이기보다는 천천히 진화하기 때문입니다. 지난 10년 동안에도 천천히 진화해왔습니다. 미국에서 지난 7년 동안 1400만 개의 새로운 일자리가 창출됐듯이 앞으로도 우리는 새로운 일자리를 창출할 것이고 실업 문제를 해결할 것입니다. 그것은 바로 이제까지 그래왔던 것처럼 '혁신'이 존재하기 때문입니다.

찬반
토론

'2016년 아시안 리더십 콘퍼런스'의 토론 세션 현장을 그대로 책에 담았다. '찬반토론'은 상충하는 견해를 가진 두 연사가 대척점에 서서 상대방을 반박하는 코너로, 하이라이트는 관객들이 투표기기를 이용해 직접 참여하는 실시간 투표다. 토론 시작 전과 중간, 종료 후 관객은 직접 심판이 되어 어느 연사가 더 설득력 있게 논지를 전개했는지 투표한다. 투표 결과는 무대 위 스크린에 바로 공개된다. 연사들의 열띤 주장과 함께 찬반의 추이를 지켜보는 재미도 느껴보길 바란다.

공유경제 : 확대냐, 규제냐

진행자 **짐 클랜시** 전 CNN 앵커, 클랜시넷 대표이자 창립자

● 확대해야 한다 **데비 워스코** 러브홈스와프 CEO, 영국 공유경제협회 회장

✖ 규제해야 한다 **딘 베이커** 미국 경제정책연구센터 공동소장

진행자 공유경제는 이제까지 없었던 또 하나의 경제 모델로, 개인이 자산을 임대하거나 빌릴 수 있는 협력 소비를 추구합니다. 우버uber가 공유경제의 좋은 사례가 되겠죠. 소유한 자동차를 사용하지 않을 때는 택시처럼 다른 사람이 쓸 수 있게 하는 겁니

다. 그래서 우버도 돈을 벌고 개인도 돈을 번다는 것입니다. 에어비앤비AirBnB도 내가 콘도를 가지고 있을 때 다음 달에 쓰지 않을 예정이면 남에게 빌려주면서 돈을 벌 수 있는 비즈니스입니다. 내가 가지고 있는 자산을 남과 공유하고 나눠서 쓴다는 것이죠. 이 공유경제는 좋든 싫든 이미 존재하고 있고 앞으로는 점점 더 커질 것입니다. 더 나아가 경제의 큰 부분을 차지할 것으로 보입니다.

1차 사전 투표를 해보겠습니다. 우버로 대표되는 공유경제 확대에 찬성하시는 분은 1번, 그렇지 않은 분은 2번을 눌러주시기 바랍니다.

〈1차 투표결과〉

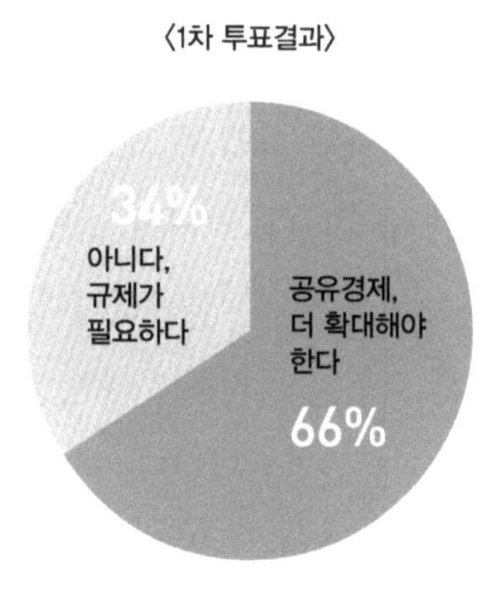

진행자 왜 사람들은 이렇게 결정을 했을까요? 공유경제의 확대를 원하는 데비 워스코의 이야기부터 들어보겠습니다.

● **데비** 언젠가 아들과 여행갔다가 집에 돌아오는 비행기 안에서 영화 〈로맨틱 홀리데이〉를 봤습니다. 캐머런 디아즈가 케이트 윈슬렛과 서로 집을 교환해서 휴가를 가는 내용이었습니다. 정말 이런 일이 일어날 수 있을까 생각했었는데, 지금은 어떻습니까? 주택교환 서비스를 제공하는 제 사업체는 더 확장되고 있고 보다 많은 사람들이 더 저렴하게 다른 방식으로 휴가를 즐기고 있습니다. 또 현지 사람의 집에서 살아 보는 즐거움을 누리고 있습니다. 저는 기본적으로 공유경제를 완전히 규제하지 말고 특정한 규제만 가함으로써 이 공유경제를 더 확대시키자는 입장입니다. 실제 이런 공유경제의 흐름은 멈출 수 없는 대세라고 생각합니다.

공유경제는 우리 삶에 어떤 도움을 줄까요? 우선, 여성 창업자에게 유용합니다. 공유경제 기업 세 개 중 하나는 여성이 창업자입니다. 30퍼센트가 넘습니다. 하지만 전체 산업 영역으로 놓고 보면 여성 창업자는 6퍼센트에 불과합니다. 이 말은 곧 공유경제가 여성에게 많은 사업적 기회를 준다는 것을 의미합니다.

일반 근로자에게도 마찬가지입니다. 전 세계적으로 '전통적인 고용'이라는 것은 점점 매력을 잃고 있습니다. 7명 중 한 명이 자기 사업을 하고 싶어 합니다. 자기 스스로 시간을 통제하고 자율적으로 일하고 싶어 합니다. 따라서 이것을 가능하게 하는 공유경제가 앞으로도 계속 될 것입니다. 다국적 회계 컨설팅 기업인 프라이스워터하우스쿠퍼스PWC는 공유경제의 규모가 2025년에 3억 5500만 달러 이상이 될 것이고 그 이후에는 더 커질 것이라고 이야기하고 있습니다.

✖딘 저도 공유경제를 원하고 그것의 확대를 기대합니다. 제가 말하고자 하는 것은 제대로 규제하면서 확대시키자는 겁니다. 공유경제의 생산 프로세스는 매우 조직적으로 움직이기 때문에 다른 전통적인 산업과 마찬가지로 규제의 대상이 되어야 합니다.

우버에 대한 이야기를 해봅시다. 전통적인 택시회사는 규제 대상입니다. 이러한 규제에는 충분한 근거가 있습니다. 예를 들어, 운전사가 여러분을 공격하면 어떻게 합니까? 범죄자면 어떻게 합니까? 그래서 택시회사는 운전자의 지문을 채취하기도 합니다. 살인마가 운전하고 다니면 안 되지 않습니까? 문제는 우버의 경우 이러한 규제의 기준이 확실치 않다는 점입니다. 제 어머니는 운전 면허를 갖고 있습니다. 하지만 전 솔직히 제 어머니는 우버를 통해서 운전하면 안 된다고 생각합니다. 일반택시를 운전해서도 안 되고요. 이러한 운전을 할 수 있는 연령대가 아니기 때문입니다. 보험은 어떨까요? 기존의 택시들은 보험의 규제를 받지만 우버는 그렇지 않습니다. 또 일반 택시들은 정기적으로 차량 검사를 받습니다. 하지만 우버는 그렇지 않습니다. 노동문제도 마찬가지입니다. 택시기사들은 최저 임금을 받지만 우버는 그렇지 않습니다. 세금은 어떻습니까? 택시회사에 고용된 사람들은 세금징수를 하는데, 우버의 운전사는 그렇지 않습니다. 또 우버는 장애인을 위한 그 어떤 서비스도 제공하지 않고 그것에 대한 규제도 받지 않습니다. 에어비앤비 역시 마찬가지입니다. 기업의 서비스는 인종차별을 해서는 안 됩니다. 하지만 흑인의 경우 에어비앤비를 운영하는 데 큰 어려움을 겪고 있습니다. 공유경제로 인해서 차별을 받고 있다는 이야기입니다. 또한 에어비앤비에서 어떤 아파트를 임대해줄 때 그것이 불법인 지역도 있습니다. 이것이 바로 공유경제에 특정한 규제가 행해져야 하는 이유입니다.

또한 공유경제에 그 어떤 규제도 하지 않는다는 점 때문에 기존의 택시회사와 호텔이 피해를 입어서는 안 됩니다. 데비에게 묻고 싶습니다. 공유경제는 지금 인종 차별을 하고 있는 것이 아닙니까? 안전수칙을 무시하는 데 살아남을 수 있을까요? 고객을 위한 가장 기본적인 서비스가 강제되지 않는 상황에서 계속 비즈니스를 유지할 수 있을까요?

● **데비** 당연히 안 됩니다. 하지만 저는 우버에 대해서 이런 이야기를 하고 싶습니다. 공유경제는 매우 글로벌한 비즈니스이고, 이미 시장과 지역에 따라서 기존의 규제를 따르는 비즈니스가 행해지고 있습니다. 영국에서 우버는 공유기업으로 분류되지 않습

니다. 60여 개의 공유경제 회사가 만든 협회인 '아이쉐어'에서도 우버를 공유기업으로 인정하지 않습니다. 왜냐하면 우버는 이미 라이센스를 가지고 있는 택시회사처럼 운영되고 있기 때문입니다. 그래서 국가마다 다르고 미국 내에서도 주마다 다릅니다.

또한 공유경제를 이야기할 때 우버만을 이야기해서는 안 된다고 봅니다. 유럽에는 '버로우마이독Borrow my dog'이라는 회사가 있습니다. 애완견을 공유해서 내가 일할 때 다른 사람이 산책을 시켜주는 일을 연결해주고 있습니다. 이외에도 콘서트장이나 학교의 야유회에 가기 위해서 같이 이동하는 것도 일종의 공유경제입니다. 물론 우버는 이보다는 규모가 큽니다. 이렇듯 '공유경제'라는 것은 수요자 중심의 거대한 트렌드이지, 오로지 우버만을 의미하지는 않습니다.

진행자 그렇다면 근로자 입장에서는 어떤가요? 사업주는 내 직원이 아니니까 퇴직금이라든지 의료 보험비를 신경 쓰지 않아도 됩니다. 돈을 절약할 수 있는 셈이죠.

✖ 딘 미국과 영국에서는 이것이 큰 화두입니다. 지금의 노동법은 아주 오래 전에 만들어졌고 모든 사업장에 적용되고 있습니다. 하지만 우버가 보기에 운전사는 '독립 계약자'입니다. 그래서 우버는 운전사를 책임지지 않고 직원으로도 분류하지 않습니

다. 이렇게 하다 보니 문제가 생길 수밖에 없습니다. 최저임금법이 있어서 사업주가 시급 12달러는 줘야 되는데 우버는 이것을 지킬 필요가 없습니다. 주 40시간 이상 일을 하면 연장근무에 따른 수당을 줘야 하는 조항도 우버의 기사에게는 역시 적용이 안 됩니다.

● **데비** 저는 딘의 의견에 동의하지 않습니다. 어떤 사람은 유연한 근로시간을 꽤 매력적으로 생각합니다. 특히 35세 미만의 젊은이들은 일하는 방법, 라이프 스타일에 있어서 기성세대와는 다른 방향을 추구합니다. 전체 여성의 약 44퍼센트가 일하지 않는 이유를 아이를 맡기는 데 드는 비용이 너무 많기 때문이라고 응답했습니다. 공유경제에 참여하는 65퍼센트의 사람이 바로 여성입니다. 이 말은 곧 공유경제가 여성에게 일할 기회를 주고 있다는 것입니다.

진행자 여기서 잠깐, 참석자의 질문에 대답하면서 토론을 이어나가도록 하겠습니다.

Q1 어떤 산업이든 합리적인 규제가 필요하다는 주장이 있었습니다. 그런데 이것은 규제를 합리화하기 위한 이야기가 아닌가요? 우버를 비롯해 벤처기업이 다른 산업에 적용되는 규제를 적

용받으면 불만이 있을 거라고 봅니다. 기존 택시회사의 규제가 과하기 때문입니다. 새로운 경제 형태가 나타났다면 이를 좀 더 효율적으로 움직이기 위해서 오히려 규제를 줄여야 한다는 주장이 제기될 것 같은데요?

✖딘 맞습니다. 지금 택시회사들이 과하게 규제를 받는 상황일 수 있습니다. 소위 담합이라고 하는 카르텔이 있기 때문입니다. 그래서 규제 자체를 개혁하고 지금 상황에 맞게 바꿔야 합니다. 40년 전의 전화 산업에 적용하던 규제를 스마트폰 세상에 적용해서는 안 됩니다. 예전에 택시업계에 적용했던 규제를 우버에 똑같이 적용하자는 것이 아닙니다. 하지만 목표는 같습니다. 그러니까, 범죄자가 운전을 해서는 안 된다는 것입니다. 우버가 자체적으로 관리하고 감독을 해야 합니다. 지문을 등록한 후 조회한다든가 아니면 뭔가 다른 감시를 해야 합니다. 하지만 데비, 여전히 규제가 없는 공유경제가 더 좋다고 생각하십니까?

● 데비 제가 정부에 공유경제에 대한 보고서를 제출하면서 에어비앤비도 규제 대상이 되었습니다. 집을 공유할 때는 집에 반드시 소화기가 있어야 하는 등의 소방법이 적용되었기 때문입니다. 저는 규제가 완전히 사라져야 한다고 보지 않습니다. 디지털 플랫폼이 필요로 하는 그런 정도의 규제여야 된다는 것입니다.

이런 플랫폼의 경우 스스로 규제를 만들고 자성을 해야 한다고 봅니다. 일례로, 우리는 '트러스트 마크'라는 것을 만들었습니다. 신뢰를 줄 수 있는 대상에게는 마크를 인증함으로써 인정해주자는 것입니다. 가장 중요한 것은 공유경제 플랫폼을 운영하는 사람들이 책임감을 가지고 개선해 나가고 그것을 전 지구적으로 만들어가는 것입니다.

진행자 이쯤에서 2차 투표를 해보겠습니다. 지금의 공유경제를 더 확대하자는 1번, 어떤 규제가 필요하다는 2번을 눌러주십시오.

〈2차 투표결과〉

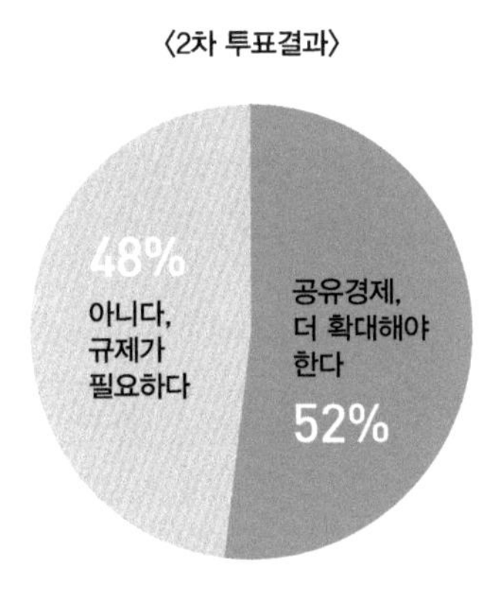

	1차 투표	2차 투표	3차 투표
공유경제, 더 확대해야 한다	66%	52%	?
아니다, 규제가 필요하다	34%	48%	?

Q2 딘에게 질문을 하겠습니다. 규제라는 것은 어떻게 보면 특정 산업에서 이미 기반을 다진 측을 보호하려는 경향이 있지 않습니까? 그렇다고 한다면 규제를 하는 시점은 언제가 좋을까요? 문제가 발생했을 때 규제를 가해야 하는지, 아니면 미리 예견하고 예방적이고 포괄적으로 규제망을 구축해야 하는지 궁금합니다.

✖딘 규제 중에는 세금 문제 때문에 특정 산업을 보호하기 위해서 만들어진 것이 있습니다. 뉴욕에서 택시산업에 진출하려면 '메달리언'이라는 라이센스를 구매해야 하는데 가격이 100만 달러 정도 합니다. 이는 세금 문제 때문입니다. 규제의 시점에 대해서는 분명 지금 규제를 해야만 하는 상황이 펼쳐지고 있습니다. 제가 나쁜 사례만 생각해서 이렇게 주장한다고 여기지 말아주십시오. 음주운전을 했던 기록이 있는 사람들이 실제 우버 기사로 일한 적이 있습니다. 물론 우버는 이러한 일들을 최소화하고 싶겠지만 실제로 이러한 일이 일어나고 있습니다.

세금과 관련해서 아마존에 대한 이야기를 하겠습니다. 아마존은 규제가 없어서 실패한 대표적인 사례입니다. 아마존이 혁신기업이고 엄청난 수익을 올리고 있지만 사실 미국의 많은 주에서 아마존으로부터 판매세를 받지 못하고 있습니다. 사실 작은 매장 하나만 운영하더라도 6퍼센트, 혹은 8퍼센트의 세금을 내야 합니다. 그런데 아마존에는 적용이 되지 않습니다. 세상에서

딘 베이커 : 미국 경제정책연구센터 공동소장이다. 미국 경제정책연구원(EPI)의 수석 경제학자로 지냈고, 세계은행, 미국의회합동경제위원회, OECD의 노동조합 자문위원회 등 다양한 국제기관에서 활동했다. 진보 경제학자로 알려져 있으며 《1980년 이후의 미국》, 《약탈과 실책》 등 다양한 경제 관련 저서를 집필했다.

짐 클랜시 : 전 CNN 앵커이자 클랜시넷 대표이자 창립자이다. 1981년 CNN에 입사한 이후 35년간 베를린 장벽 붕괴, 레바논 내전, 르완다 학살, 이라크 전쟁 등 국제적인 이슈를 현장에서 직접 취재한 베테랑 방송기자이다. 1994년 르완다 대학살 보도로 조지포크 상을 받았고, 보스니아 전쟁 관련 보도로 듀퐁 상을 받았다. 또한 소말리아의 기아 및 내전 보도에 대한 공로를 인정받아 에미 상을 받았다.

데비 워스코 : 온라인에 자신의 집을 등록해 다른 사람의 집과 맞교환해 지내는 러브홈스와프Love Home Swap의 창업주이다. 러브홈스와프는 2012년 벤처캐피털을 통한 투자유치에 성공하면서 급속도로 성장했다. 당초 250가구 규모로 첫발을 내딛었으나, 오늘날 160여개국에 약 6만 2천 가구 이상의 집이 등록된 세계 최대 규모 주택공유 사이트로 성장했다.

가장 큰 기업이 판매세를 내지도 않는데 그들에게 혜택을 주는 것이 맞습니까? 이러한 상황은 우버도 마찬가지입니다. 그 어떤 기업이든 세금을 내야 하고 규제를 어기면 소송도 당할 수 있어야 합니다. 또 합리적으로 벌금을 물 수도 있어야 합니다.

Q3 버클리의 경우 임대료가 굉장히 높고 부동산 이용에 관한 법률도 엄격합니다. 가난한 대학생에게는 매우 살기 힘든 지역입니다. 등록금 부담도 있고 생활비도 빠듯한데 대학생처럼 일정한 수입이 없는 성인이 약간의 부수입을 얻기 위해 에어비앤비와 같은 공유경제 업종을 활용해 돈을 버는 것이 그렇게 나쁜 일인가요?

● **데비** 과거 제가 학생일 때 저 역시 여름 방학 기간에 제 방을 세 놨습니다. 그때는 에어비앤비가 있기 전입니다. 옛날부터 관행적으로 해왔기 때문에 새로운 것은 아니라고 생각합니다. 그리고 나쁜 것도 아니고요. 우려스러운 것은 에어비앤비가 대기업처럼 일을 하면서 기존의 임대계약을 무시한다는 것입니다. 사람들이 개개인으로 이렇게 할 때는 괜찮지만 조직적으로 누군가 이렇게 해서 돈을 많이 번다면 여기에는 분명 우려할 만한 일이 생기지 않을까요?

진행자 이제 마지막 투표를 하겠습니다.

〈3차 투표결과〉

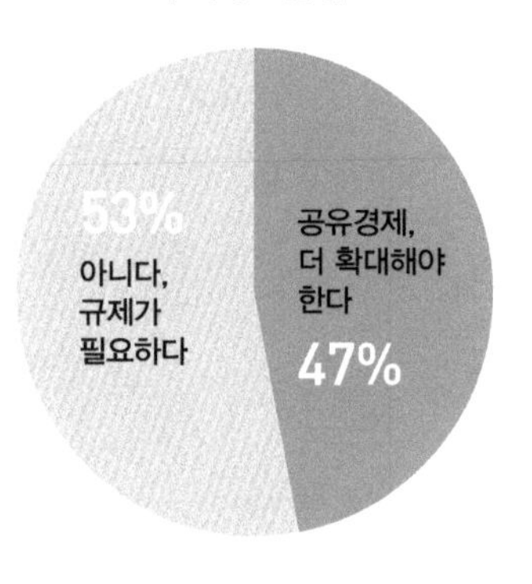

	1차 투표	2차 투표	3차 투표
공유경제, 더 확대해야 한다	66%	52%	47%
아니다, 규제가 필요하다	34%	48%	53%

2부

연결
나눔
에너지

붐비고 나누고
공유하는 일상

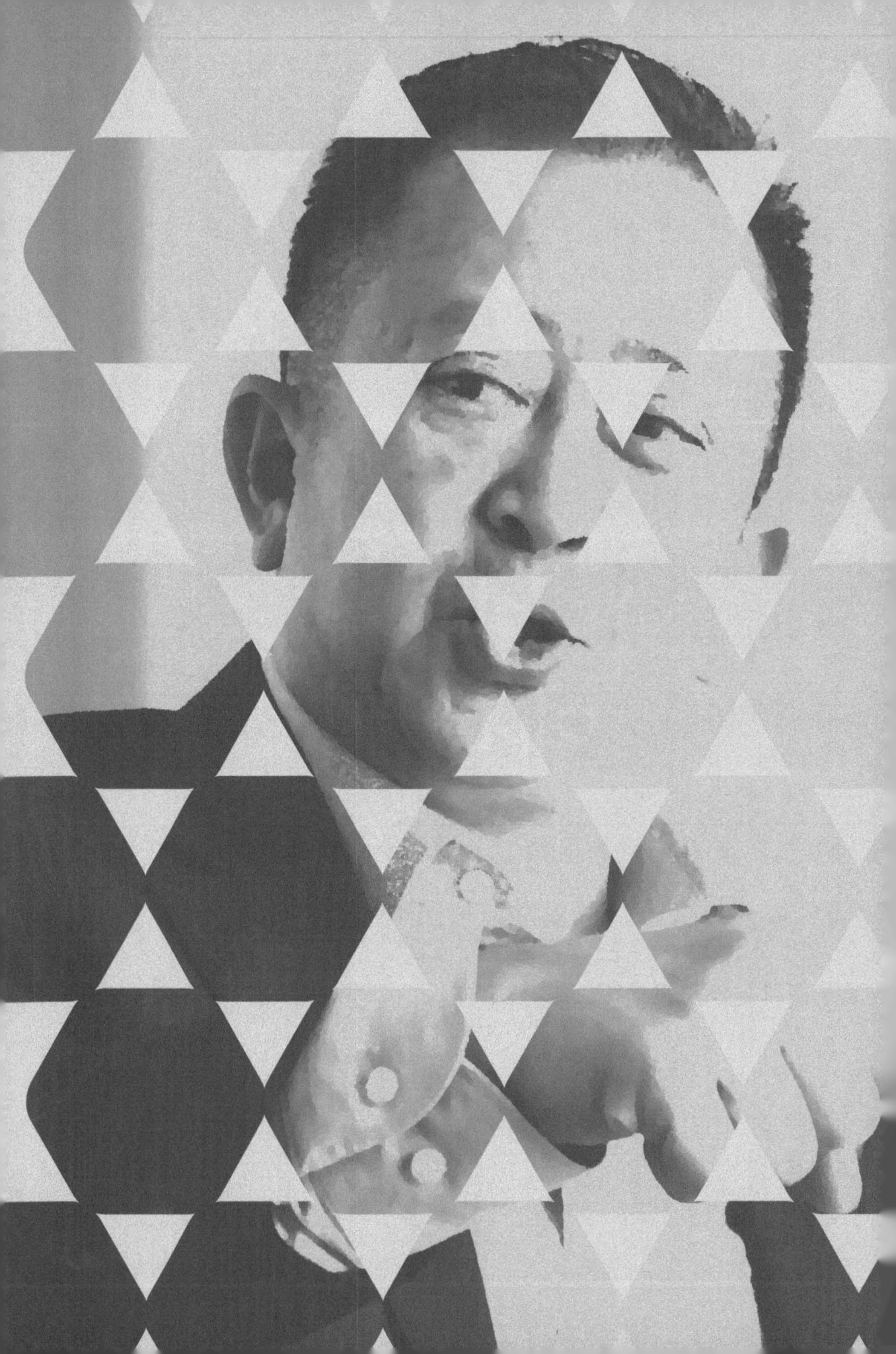

4장

세상은 구석구석 더 연결되어야 한다

조 소

화웨이 최고기술책임자

스마트 시티, 안전한 도시를 건설하려면 비즈니스 모델이 뒷받침되어야 합니다. 이렇게 만든 안전한 도시는 더 많은 투자자, 관광객을 불러옵니다. 그렇게 되면 경제와 GDP 성장에도 영향을 미치게 되며 투자한 만큼 수익을 얻을 수 있게 됩니다.

스마트한 도시의 의미

제가 화웨이에서 일한지는 11년 정도 되었습니다. 2015년 한 해만 60~70개국을 다니면서 스마트 시티에 대한 연구를 했습니다. 또한 도시 개발 및 정책과 관련된 공무원과 전문가들을 두루 만나 의견을 나누고 스마트 시티에 대한 생각을 정리했습니다. 결론은 '스마트 시티는 없다'는 것입니다. 스마트 시티라고 하는 것은 하나의 개념이며 솔루션입니다. 즉, 스마트 시티란 수많은 솔루션들이 모여 만들어내는 것이라고 이해하시면 됩니다.

각 도시마다 안고 있는 문제는 모두 다릅니다. 따라서 스마트 시티의 동일한 요건을 지닌 동일한 도시는 없습니다. 예를 들면, 유럽은 신재생 에너지에 관심이 많고, 중국은 교육과 보건에, 아프리카는 안전에 관심이 많습니다. 한국은 어떻습니까? 한국에서 스마트 시티를 구현하려면 무엇이 필요합니까? 제 생각에 한국은 디지

조 소 Joe So 중국 최대 네트워크 기업인 화웨이 그룹의 기업 솔루션 분야 최고기술경영자이다. 스마트 시티, 공공 치안, 에너지, 은행과 금융 서비스, 운송업 그리고 관리서비스 제공자들을 위한 IT, 무선 네트워크 및 커뮤니케이션과 협업(UC&C) 상품 개발을 책임지고 있다. 2005년 임원으로 승진한 뒤 2010년 금융, 운송, 대관代官 부문 사장에 취임했다.

털 시티를 원할 것 같습니다. 정보 접근성이 아주 높은 그런 도시 말입니다.

그렇다면 여러분이 디지털 전환의 시대에 맞게 살고 계신지 실험을 해보겠습니다. 여러분 중에 지갑을 집에 놓고 오신 분이 있습니까? 그런 분 중에 다시 돌아가 지갑을 가지고 오겠다 하는 분은 손을 들어주십시오. 두 분이 손을 드셨습니다. 그렇다면 핸드폰을 두고 왔다고 하면요? 생각보다 많은 분이 손을 드셨습니다. 디지털 전환기를 누릴 자격이 있는 분들입니다. 20년 전만 하더라도 지갑을 집에 두고 왔다면 가지러 갔을 겁니다. 그러나 지금은 솔직히 지갑이 필요하지 않은 시대입니다.

저는 핸드폰으로 제가 가진 모든 계좌의 은행 거래를 할 수 있습니다. 금융거래뿐 아니라 물건도 핸드폰으로 삽니다. 과거에는 아메리칸 익스프레스 신용카드가 있어야만 생활할 수 있었지만, 이제는 핸드폰만 있으면 생활이 가능합니다. 스마트 시티는 끊임없이 사회의 운영을 개선하고, 우리가 삶을 영위하는 방식을 업그레이드 합니다. 이런 시대에는 그 도시의 시민과 해당 지역을 기반으로 하는 수많은 비즈니스를 위한 개선, 계속적인 개혁이 중요합니다. 어떤 국가의 공항에 내렸는데 바로 와이파이가 연결된다면 그 국가는 스마트하다고 볼 수 있습니다. 그렇지만 도착해서 2시간이 지났는데도 인터넷에 연결할 수 없다면 그 국가는 스마트하지 않습니다.

화웨이의 성공요인

많은 사람이 화웨이가 성공적인 기업이라고 말합니다. 20년 전 화웨이는 약 3500달러로 시작했습니다. 오늘날은 170개 나라에서 영업을 하고 포춘 500대 기업 중 228위를 차지하기에 이르렀습니다. 현재 17만 6천 명의 직원이 있고, 이들 중 7만 9천 명이 R&D 직원입니다. 저희의 성공요인은 여러 가지입니다. 첫 번째는 혁신을 끊임없이 추진하는 R&D 인력이 있었기 때문입니다. 두 번째로 저희는 오픈 시스템을 가지고 있습니다. 협력을 주저하지 않고 다양한 파트너들과 일합니다. 세 번째 성공요인은 고객 중심이라는 점입니다. 몇 년 전만 해도 저희는 많은 실패를 경험했습니다. 상품을 만들었지만 판매가 잘 되지 않았습니다. 그 원인을 분석해보니 고객이 원하는 것을 서비스하지 못한 데 있었습니다. 그래서 오늘날 화웨이는 고객을 가장 중심에 둡니다.

2014년에 4G의 시대가 본격적으로 개막되었고 빅데이터와 사물인터넷IoT의 시대가 열렸습니다. 이와 동시에 경영의 효율성도 높아졌습니다. 2015년의 경우 매출은 608억 달러, 영업이익은 57억 달러를 기록했습니다. 화웨이의 R&D 투자액만도 지난 10년 동안 370억 달러입니다. 매출의 10퍼센트 이상을 R&D에 투자하고 있는 셈입니다. 그래서 특허도 상당히 많습니다. 중국에서만 5만 건이 넘는 특허 출원이 있었고, 중국 외의 지역에서도 3만 건 이상의 특허 출원을 기록하고 있습니다.

스마트 시티의 핵심은 속도와 연결성

이제 본격적으로 세션 주제인 '스마트 시티'로 넘어가 보겠습니다. 맨 먼저 왜 스마트 시티에 대한 수요가 있을까부터 살펴보고자 합니다. 1950년대만 하더라도 도시에 사는 인구는 전체 인구의 24.4퍼센트에 불과했습니다. 그러다가 1970년대에 36.6퍼센트, 90년대에는 43퍼센트로 늘어났습니다. 2050년이 되면 전체 인구의 67.2퍼센트가 도시에 거주할 것입니다. 서울의 인구는 얼마인가요? 1천만 명이라고 한다면 중국 기준으로는 여전히 작은 도시입니다. 제가 살고 있는 선전은 최근 통계에 따르면 2100만 명이고, 베이징의 경우 2200만 명, 상하이는 2300만 명이 거주하고 있습니다. 도대체 왜 사람들은 도시로 이주할까요? 더 나은 삶을 추구하기 때문입니다. 경제적인 혜택과 안전이 가장 중요한 동기입니다. 2014년의 전 세계 인구는 70억 명이며 2050년이면 90억 명이 되리라 예상됩니다. 여기에서 도시는 국내총생산GDP의 상당 부분을 담당하며 많은 사람에게 꿈과 기회를 줍니다.

화웨이는 스마트 시티에 관해 몇 가지 중요한 관점을 가지고 있습니다. 가장 상위의 개념은 도시 개발과 안전, 지속가능성입니다. 이를 위해서는 스마트 교통, 스마트 빌딩이 중요합니다. 교육, 보건과 같은 사회적인 요소도 중요합니다. 싱가포르는 '스마트네이션'을 추진하고 있고, 두바이는 '스마트 두바이'라는 캐치 프레이즈 아래 다양한 스마트 애플리케이션을 개발하는 중입니다. 한국의 경우 스마트 시티를 위한 인프라는 이미 구축이 되어 있습니다. 지금부터 중요한 것은 이 인프라와 삶을 연결해서 더 스마트하게 만드는 것입니다.

스마트 시티는 왜 과거에 잘 되지 않았을까요? 당시에는 연결이 충분히 빠르지 않았습니다. 중국의 경우 영화를 한 편 보기 위해 다운로드 버튼을 누르면 계속 로딩 중이라고 나옵니다. 어떤 경우에는 여러 번 클릭을 해야 다운을 받을 수 있습니다. 한국의 경우 누르기만 하면 다운됩니다. 연결성이 굉장히 좋기 때문입니다. 네트워크가 잘 깔려 있습니다. 또한 사물인터넷 인프라도 잘 갖춰져 있고 정보의 흐름도 원활합니다. 빅데이터 분석을 위한 여러 솔루션도 많습니다. 한국은 네트워크가 굉장히 좋기 때문에 스마트 시티를 더 신속하게 구현할 수 있으리라 생각합니다.

스마트 시티는 몇 개의 층위로 구성돼 있습니다. 첫 번째는 인프라 층위입니다. 비디오, 카메라나 길거리에 설치된 일반적인 센서들, IoT 센서 등 다양한 센서들이 첫 번째 층위를 이루고 있습니다. 두 번째는 커뮤니케이션 층위입니다. 유무선으로 커뮤니케이션이 이루어지게 하는 것입니다. 세 번째 층위는 커뮤니케이션을 통해 모아진 데이터가 제대로 분석되고, 이 데이터들이 인터넷 클라우드를 통해 공유 및 활용되는 것입니다. 이는 '클라우드 컴퓨팅 플랫폼'을 의미합니다. 모든 수집된 데이터를 분석할 수 있는 도구입니다. 이러한 정보들이 다양한 애플리케이션에 전달됩니다. 데이터가 부족하면 정보를 수집할 수 없고, 스마트 시티도 구현하기 어렵습니다.

스마트 시티를 건설하려면 비즈니스 모델이 필요하다

스마트 시티가 실현되기 위해서는 무엇보다 정부가 적극 나서야 합니다. 스마트 시티는 수도, 에너지, 폐기물, 통신 등의 기반 시설 자체도 중요하지만 이 기반 시설들이 서로 유기적으로 결합되고 연결되고 활용돼야 구현이 가능해집니다. 이 문제를 해결하기 위해서는 상호간의 데이터 공유가 이뤄져야 합니다. 데이터의 상호연결성, 상호운용성을 갖추는 일은 정말 중요합니다. 정부 부처의 다양한 활동에 각각 애플리케이션이 부착되어 있다고 생각해 보십시오. 그렇게 되면 구급차가 오는 도중에 이미 구조요원은 환자의 건강 정보를 확인할 수 있으며, 누군가 교통 현황을 먼저 파악해 막히지 않는 길을 안내받을 수도 있습니다. 또한 환자가 병원에 도착하기도 전에 병원은 환자의 성별, 질환 등의 병력을 미리 파악해둘 수 있고 환자가 도착했을 때는 이미 치료를 위한 준비가 완료될 수 있습니다.

스마트 시티에는 세 개의 물결이 있다고 생각합니다. 첫 번째 물결은 융합정보통신기술ICT 인프라입니다. ICT 인프라가 없다면 스마트 시티를 구현할 수 없습니다. 다른 국가와 달리 한국에서는 이 첫 번째 물결이 준비되어 있습니다. 두 번째 물결은 가속화 단계인데, 한국도 이 단계에 대한 준비는 되어 있지 않습니다. 이를 위해서는 상호 간에 모델을 어떻게 운용해야 하는지 알아야 합니다. 예

를 들면, 애플리케이션 시스템을 만드는 일은 쉽습니다. 그러나 이 시스템을 운용하는 데는 비용이 많이 듭니다. 때문에 상업적인 모델이 필요합니다. 즉, 스마트 시티를 구축하기 위한 초기 환경 조성에 투자를 집행하고 향후 투자비를 회수할 수 있는 비즈니스 모델이 필요하다는 얘기합니다. 스마트 시티, 안전한 도시를 건설하려면 비즈니스 모델이 뒷받침되어야 합니다. 이렇게 만든 안전한 도시는 더 많은 투자자, 관광객이 찾게 됩니다. 그렇게 되면 경제와 GDP 성장에도 영향을 미치게 되며 투자한 만큼 수익을 올릴 수 있게 됩니다.

마지막 세 번째 물결은 혁신입니다. 혁신은 시민들이 새로운 것을 시도할 수 있는가의 문제입니다. 현재 대부분의 국가는 두 번째 물결에 있다고 생각합니다. 세 번째 물결로 가더라도 아직까지 성공을 거둘 수 있는 확률은 제한적입니다. 오늘날 대부분의 스마트 시티는 시민이 직접 참여하지 못하고 있기 때문입니다. 스마트 시티를 구축하는 과정에서 시민들의 합의를 구하지 못하면 어떻게 될까요? 그렇게 되면 시민의 일상생활을 알 수 없어 데이터 또한 모을 수 없으며 결국 스마트 시티도 불가능해집니다.

홍콩, 중국, 한국은 인프라가 마련됐다고 생각합니다. 거리와 건물에 다양한 카메라와 센서가 설치되어 있고, 서로 연결되어 있습니다. 이러한 기기가 연결성을 보장해 줍니다. 런던에는 50만 개의 CCTV가 시내에 설치되어 있습니다. 선전은 어떨까요? 이곳에서는 절대 범죄를 저지르면 안 됩니다. 무려 76만 개가 있습니다. 중국 전체에는 2100만 개가 있습니다. 모든 거리에 CCTV가 있습니다.

스마트 도시에는 무선 인터넷wi-fi 핫스팟이 있어야 합니다. 하지만 한국에는 이것이 없습니다. 제가 한국 공항에 도착했을 때 와이파이를 무료로 이용할 수 없었습니다. 제가 한국에 돈을 쓰려고 관광객으로 왔음에도 불구하고 말입니다. 스마트 시티에서는 주차도 쉬울 수 있습니다. 향후에는 주차 솔루션이 개발되어 어디에 주차할 수 있는지 알 수 있습니다. 그리고 주차 때 차량번호가 자동으로 인식되어 주차료 정산도 자동으로 이뤄집니다.

정부도 문제가 있습니다. 정부가 통합적이고 체계적인 방법이 아닌 파편화된 접근법으로 관리를 하기 때문에 카메라에 찍힌 영상이 서로 연결성을 갖지 못합니다. 이렇게 되면 데이터로서의 가치도 없고 지속가능성도 보장되지 않습니다. 이는 분명 정부의 문제입니다. 한국도 마찬가지입니다.

화재가 났을 때 '착착착'이 가능한가

스마트 안전 도시에 대해서는 두 가지를 이야기하겠습니다. 첫 번째는 바로 '융합'입니다. 제가 여기서 말하는 융합은 여러 이해당사자 간의 협업을 의미합니다. 이해당사자로는 경찰관, 소방관, 응급대원 등 여러 주체가 있을 수 있습니다. 두 번째는 커뮤니케이션 시스템입니다. 2016년 톈진에서는 산사태가 발생해 70명이 목숨을 잃었습니다. 당시 제가 경찰당국과 이야기하던 도중 "재난의 순간에 가장 시급한 문제가 무엇이냐"고 질문한 적이 있습니다. 그때 그들은 "커뮤니케이션 시스템"이라고 말했습니다. 수백, 수천 명의 사람이 협업하기 위해서는 이것이 매우 중요합니다. 면밀한 계획과 정확한 역할 분담이 있어야 효과적인 구조가 가능하기 때문입니다.

'시각화'도 매우 중요합니다. 화웨이가 케냐에 시각화된 통제 센터를 건립한 적이 있습니다. 케냐는 범죄율이 매우 높은 나라지만 이 센터를 설립한 이후에 범죄율이 무려 46퍼센트나 떨어졌습니다. 이 센터에서는 거리 구석구석을 볼 수 있습니다. 화면의 좌측을 보면 경찰관들의 수와 경찰차량, 응급실, 병원 등을 파악할 수 있습니다. 또 다른 카메라를 선택하면 용의자 차량을 위치 추적할 수 있습니다. 이렇게 시각화된 시스템이 갖춰지면 용의자의 차량을 추적하면서 경찰관과 소통할 수 있고 위급시 원활하게 의사소통을 할 수 있습니다. 뿐만 아니라 전문가의 의견이 필요할 때 그들과 바로 연결될 수 있습니다. 예를 들어, 화재의 정도를 판단해야 할 때, 화재 장면을 통제 센터로 보내면 전문가가 보고 화재의 심각성을 판단할 수 있게 됩니다. 연이어 구급차와 응급대원 등을 어느 정도 출동시켜야 하는지도 결정됩니다. 만약 이러한 협업이 없다면 더 많은 사상자가 나올 수밖에 없고, 범죄자를 쫓는 일은 역부족일 수밖에 없습니다.

요즘도 대부분의 경찰관들은 모토로라가 개발해 보급한 테트라 무전기 시스템을 사용하고 있습니다. 굉장히 유용한 무전기 시스템이기는 하지만 여전히 구식입니다. 테트라의 경우 경찰관의 목소리와 소음이 동시에 전해지고 또 음성만으로 교신할 뿐, 동영상을 전송하는 등의 기능은 없었습니다. 요즘에는 화웨이가 개발해 상용화

한 eLTEenterprise LTE라는 시스템이 있습니다. 소음이 제거된 음성은 물론이고 동영상까지 전송할 수 있습니다. 통제 센터에서는 동영상을 통해 상대가 용의자인지 아닌지를 파악할 수 있고 나중에는 재판에도 활용되고 소송 자료로도 쓸 수 있습니다. 그 결과 케냐의 범죄율을 46퍼센트나 낮출 수 있었고 교황이 케냐를 방문했을 때는 0퍼센트의 범죄율을 기록했습니다.

스마트 시티가 묻는다, 비전이 있는가

혁신적인 IT란 무엇일까요? 암스테르담에서의 저희의 작업을 사례로 말씀드리겠습니다. 암스테르담에는 유럽 최대 규모의 축구 경기장인 아약스 암스테르담 아레나가 있습니다. 이곳에서는 굉장히 많은 와이파이 핫스팟이 제공됩니다. 그런데 문제는 속도가 굉장히 느릴 뿐만 아니라 핫스팟 하나당 적으면 1명, 많아야 4명만 사용할 수 있습니다. 경기장 총 수용 인원인 5만 3천 명에 비하면 턱없이 적은 숫자입니다. 그렇다고 AP를 무한대로 설치할 수도 없습니다. 사용자가 많아지면 어차피 속도는 느려지게 마련이며, 만약 좁은 공간에 다수의 AP를 설치하면 전파 방해 때문에 아예 시스템이 다운될 수도 있습니다. 저희 화웨이는 여기에 와이파이 전파가 전달되는 범위와 각도를 정교하게 조정해 전파 방해가 일어나지 않도록 했고, 그 결과 수만 명의 사람이 동시에 와이파이에 접속할 수 있었습니다.

저희는 엘리베이터에도 새로운 기술을 적용했습니다. 일반적으로 엘리베이터는 정기적인 점검을 받습니다. 하지만 정작 문제가 생겼을 때는 그것을 즉각적으로 알릴 방법이 없습니다. 그래서 저희는 핵심 부품의 하나인 센서를 설치했습니다. IoT 기술은 이 센서를 기반으로 다양한 정보를 수집하고 문제가 생기면 자동적으로 경보를 보내 유지 보수를 받을 수 있도록 해줍니다. 이 기술을 사용하면 필요할 때만 보수를 할 수 있기 때문에 경제적으로도 이익이고, 언제든 엘리베이터를 최상의 상태로 유지할 수 있습니다. 자동차 엔진에 이러한 센서를 넣는다고 해봅시다. 대략 '지금쯤 갈아야겠지' 하는 추측이나 느낌으로 엔진 오일을 넣는 것이 아니라 필요할 때만 넣을 수 있을 겁니다.

또 저희는 조명 시스템에도 관심을 가졌습니다. 집이나 사무실에서 화장실의 불을 끄지 않아서 전력이 낭비되는 경우가 얼마나 많습니까. 그래서 우리는 화장실에 센서를 부착했습니다. 센서는 움직임과 체온을 통해서 사람을 감지해서 자동으로 불을 켜고 끕니다. 만약 1시간 동안 움직임이 없다고 하더라도 체온을 감지하기 때문에 정확하게 작동됩니다. 그 결과 특정 빌딩의 에너지 비용이 62.5퍼센트나 감소한 사실을 확인했습니다.

비전, 협의, 비즈니스 모델

언론사와 인터뷰를 했을 때 아주 좋은 질문을 받았습니다. '스마트 시티를 구축하는 데 핵심요소가 무엇인가'라는 질문이었습니다. 첫 번째, 그 어떤 스마트 도시일지라도 목표가 있어야 하고 비전이 있어야 합니다. 세부항목으로는 어떠한 임무를 수행할 것인가, 이를 위한 인프라에서는 무엇이 필요한가, 도시를 어떻게 관리하고 정비할 것인가, 생활 수준을 어떻게 향상시킬 것인가, 대규모의 공공서비스는 어떻게 진행할 것인가 등에 대한 준비를 해야 합니다. 두 번째, 시민과 이해당사자들과의 협의가 있어야 합니다. 세 번째, 비즈니스 모델을 마련해야 합니다. 비즈니스 모델이 없다면 스마트 시티를 구축하더라도 2~3년 뒤에는 지속가능하지 않을 수 있습니다.

질문과 답변

Q 한국에도 스마트 시티가 있다고 보십니까?

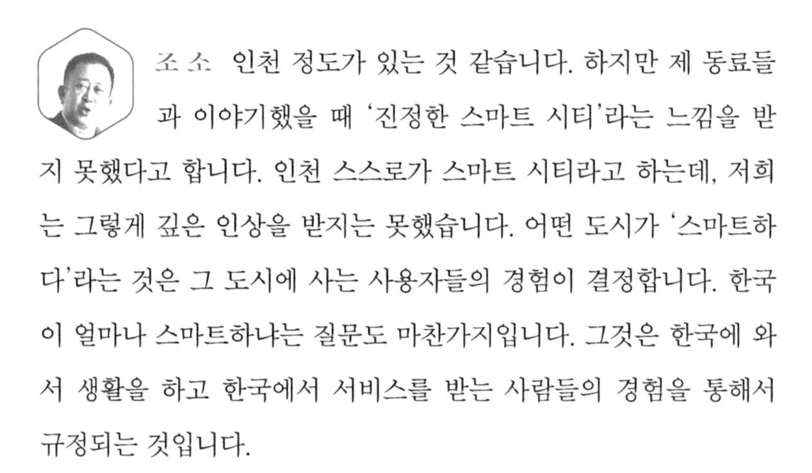

조소 인천 정도가 있는 것 같습니다. 하지만 제 동료들과 이야기했을 때 '진정한 스마트 시티'라는 느낌을 받지 못했다고 합니다. 인천 스스로가 스마트 시티라고 하는데, 저희는 그렇게 깊은 인상을 받지는 못했습니다. 어떤 도시가 '스마트하다'라는 것은 그 도시에 사는 사용자들의 경험이 결정합니다. 한국이 얼마나 스마트하냐는 질문도 마찬가지입니다. 그것은 한국에 와서 생활을 하고 한국에서 서비스를 받는 사람들의 경험을 통해서 규정되는 것입니다.

Q 화웨이가 말하는 스마트 시티의 정의에 따르면, 어떠한 도시가 스마트 시티에 근접하다고 보시는지요.

조 소 솔직히 말씀을 드리면 싱가포르입니다. 싱가포르는 종합적이면서도 포괄적으로 도시 시민들의 삶을 개선하고 있습니다. 정부에서 제공하는 서비스, IoT 서비스, 길거리에 있는 IT서비스들이 모두 스마트 시티를 지향하고 있습니다. 싱가포르는 1년 내내 여름이고 굉장히 무덥고 홍수도 있으며 대기도 오염되어 있습니다. 그래서 센서를 이용해서 전체 도시를 모니터링하고 있습니다. 10년 전에 제가 중국의 한 거리에서 강도를 만났습니다. 그 이후 심리적으로 위축이 되어 밤에 나가기가 두려웠습니다. 그런데 수년이 지난 지금은 밤 10시에 나가 조깅을 해도 안전하다고 느끼고 있습니다. 감시 카메라를 통해 경찰이 보고 있다는 것을 알기 때문입니다. 사용자들이 안전하다고 느껴야만 진정한 스마트 시티라고 할 수 있습니다.

Q 저는 과거에 일본 토목공학 회사에서 일을 했습니다. 당시에 일했던 회사가 스마트 시티 프로젝트를 추진하고 있었습니다. 하지만 투자에 대한 수익이 제대로 발생하지 않았고 특히 주민들이 더 이상의 비용을 부담하기를 꺼려했습니다. 이후 스칸디나비아에 있는 한 연구소 관련자와 이야기를 해보니 비슷한 문제를 안고 있었습니다. 성공적인 수익 모델을 만들기 위해서는 어떻게 해야 하는지 궁금합니다.

조소 정부에서 자금 지원을 하는 것이 아니라면, 수익 모델 없이 스마트 시티는 성공하기 힘듭니다. 가장 성공적인 수익 모델은 일본의 한 작은 도시였습니다. 목적은 주민들의 수명을 늘리는 것이었습니다. 그래서 산책과 운동을 하는 주민에게 포인트를 주고, 그 포인트로 매장에서 물건 구매시 사용할 수 있도록 시스템을 갖추었습니다. 그러나 대부분은 재원을 조달하기가 어렵고 또 재원을 조달한다고 해도 10년 넘게 운영해서 그 운영의 지속가능성을 만들어 내는 것은 또 다른 문제입니다.

Q 화웨이에서는 공항에 어떤 종류의 스마트한 서비스를 제공할 수 있습니까?

조소 영국의 히스로 공항은 동영상 기술을 활용하고 있습니다. 지상에서 일하는 근로자들이 음성과 동영상 데이터를 주고받고 있습니다. 싱가포르 공항도 스마트합니다. 공항에 내리자마자 스마트폰을 켜면 '환영합니다'라는 메시지가 와 왔습니다. 도시의 첫인상을 결정하는 곳이 공항이라고 한다면 공항은 한 도시의 이미지가 스마트한가, 그렇지 않은가를 좌우하는 매우 중요한 장소입니다. 따라서 공항은 스마트 시티의 '게이트 웨이'입니다.

Q 저는 2015년에 중국에 1년 동안 교환 학생으로 생활을 했습니다. 한번은 핸드폰을 잃어 버렸는데 공항 분들께서 CCTV를 통해 찾아 주셨습니다. 한편으로 CCTV 때문에 찾을 수 있어서 좋았지만, 또 한편으로는 CCTV로 감시받고 있는 것은 아닌가 하는 생각이 들면서 오싹한 기분도 들었습니다. 이렇듯 스마트 시티라는 것은 양면성이 있다고 생각합니다. 안전해서 좋지만 한편으로는 감시가 될 수 있고 관리가 안 되면 그 여파가 너무 크다고 봅니다. 프라이버시와 관련해서 어떻게 생각하시는지 듣고 싶습니다.

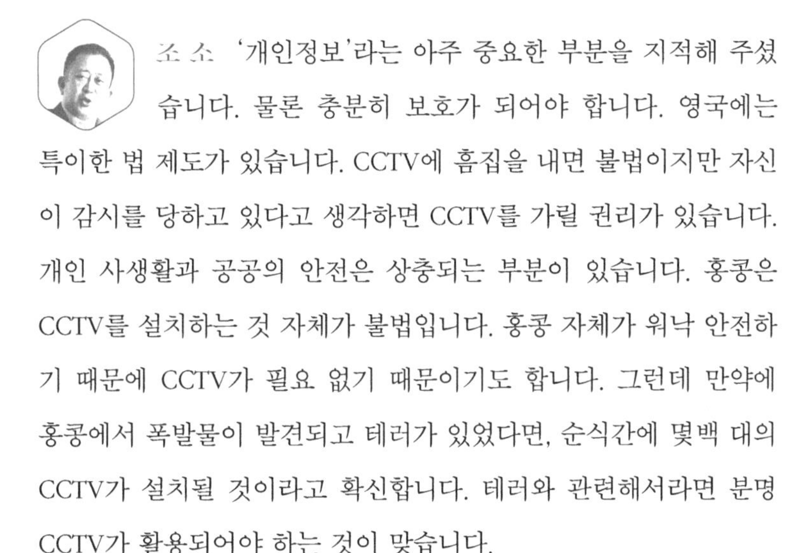

조 소 '개인정보'라는 아주 중요한 부분을 지적해 주셨습니다. 물론 충분히 보호가 되어야 합니다. 영국에는 특이한 법 제도가 있습니다. CCTV에 흠집을 내면 불법이지만 자신이 감시를 당하고 있다고 생각하면 CCTV를 가릴 권리가 있습니다. 개인 사생활과 공공의 안전은 상충되는 부분이 있습니다. 홍콩은 CCTV를 설치하는 것 자체가 불법입니다. 홍콩 자체가 워낙 안전하기 때문에 CCTV가 필요 없기 때문이기도 합니다. 그런데 만약에 홍콩에서 폭발물이 발견되고 테러가 있었다면, 순식간에 몇백 대의 CCTV가 설치될 것이라고 확신합니다. 테러와 관련해서라면 분명 CCTV가 활용되어야 하는 것이 맞습니다.

5장

국경을 넘어서는 스마트한 나눔

헨리 판 에겐

머시코프 선임디렉터

크리스천 크루거

크루거앤코 회장

저스틴 록펠러

더 임팩트 공동 창업자, 아데파 글로벌 디렉터

오늘날 세계는 과거 어느 때보다 심각하고 다양한 도전에 직면해 있습니다. 하지만 늘 새로운 길은 있습니다. 기억하십시오. 실패하지 않는 유일한 투자는, 바로 선의善意입니다.

6천만 명의 난민, 우리는 무엇을 할 수 있을까

먼저 두 가지 질문을 드리겠습니다. '부모님보다 여러분이 더 잘살고 있습니까?', '여러분의 자녀가 여러분보다 더 잘살 것이라고 생각합니까?' 많은 분들이 자신이 부모보다 더 잘살고 있다고 생각합니다. 하지만 자신의 자녀 세대에 대해서는 생각이 다른 것 같습니다. 오늘날의 세계는 그 어느 때보다 심각하고 다양한 도전에 직면해 있기 때문입니다.

실상은 더 심각하다

저는 '머시코프Mercy Corps'라는 단체에 몸담고 있습니다. 47개 나라에서 활동하는 글로벌 NGO입니다. 이 단체는 변화의 긍정적인 힘을 믿고 보다 나은 세상이 가능하다고 생각하며 우리가 살 미

헨리 판 에겐 Henri van Eeghen 국제구호단체 머시코프의 선임디렉터이다. 머시코프는 전 세계 45개국에서 빈곤퇴치 활동을 벌이고 있는 미국 국제구호개발 비정부기구이다. 머시코프에 합류하기 전 그는 글로벌 식료품 회사이자 네덜란드 최장수(1662년 설립) 가족경영 기업인 건강식품업체인 아겐 그룹의 CEO였다.

래를 위해 다양한 노력을 기울이는 곳입니다.

많은 분들이 언론을 통해 난민 문제를 알고 계시리라 생각합니다. 난민 문제는 유럽이나 아프리카, 중동만의 문제가 아니라 아시아의 문제이기도 하고 한국의 문제이기도 합니다. 결국은 '시간의 문제'라고 생각합니다. 언젠가는 난민이 한국으로도 올 것이기 때문입니다.

지금 현재 전 세계 난민의 숫자는 6천만 명입니다. 이 숫자는 인류 역사상 우리가 아는 한 가장 많은 난민의 숫자이며 이탈리아 전체 국민의 숫자이기도 합니다. 그 중 1500만 명이 아시아에 있으며 전체의 절반이 어린 아동입니다. 즉, 전 세계 난민의 4분의 1이 아시아 지역에 있습니다.

시리아 난민은 대다수 요르단, 레바논, 터키에 있고 1160만 명이 도피 중입니다. 이는 어마어마한 숫자입니다. 시리아 인구의 절반이 이동 중이기 때문입니다. 한국 인구의 절반이 중국으로, 일본으로 가서 난민으로 살아간다고 생각해 보십시오. 현재 1160만 명 중에서 80퍼센트 가량이 그리스의 섬을 지나고 있고, 100만 명 정도가 유럽에 도착했습니다. 그런데 우간다 북부에 있었던 난민 캠프의 상황보다 훨씬 더 열악합니다. 45퍼센트는 월동 준비가 전혀 안 되어 있고, 37만 명의 아동이 심각한 상태에 직면해 있습니다.

"난민 문제는 '시간의 문제'라고 생각합니다.
언젠가는 난민이 한국으로도 올 것이기 때문입니다."

우리는 모두 연결되어 있다

유럽은 이 위기를 어떻게 다룰지 거듭되는 논란 속에 있습니다. 새로운 법을 만든다고 하지만 내용을 들여다보면 재고해야 할 여지가 많습니다. 예를 들면, 입국 후 3년 동안 난민들은 자신의 가족을 만날 수 없고, EU에서 터키로 송금을 금지하는 식입니다. 뿐만 아니라 현재 진행되고 있는 상당수의 정책들이 1951년 제정된 '난민의 지위에 관한 협약'에 반하는 것입니다. 일례로, 이 협약에는 난민이 어떤 국가에 들어왔을 때 그 난민을 갈등 지역으로 다시 돌려 보내서는 안 된다는 내용이 들어 있습니다. 하지만 많은 사람이 다시 레바논으로, 터키로, 시리아로 보내지고 있습니다.

이러한 사태를 해결하기 위해 많은 NGO와 기관이 노력하고 있습니다. 저희는 구글과 함께 난민을 위한 인터넷 플랫폼을 만들었고 페이스북의 CEO인 마크 저커버그와 함께 캠페인을 실시했습니다. 전 인류는 연결되어 있고 연결은 지속되어야 하기 때문입니다. 많은 가족과 자선가들이 난민의 삶의 질을 높이기 위해 힘을 보태고 있으며 일반인들 또한 행동에 나서고 있습니다.

사실 유럽은 난민을 환영해야 합니다. 왜냐하면 젊은이들이 필요하기 때문입니다. 난민 중에서도 숙련된 기술을 가진 사람들이 많이 있습니다. 이를 축복으로 받아들여야 합니다. 어떤 이유에서건,

난민 정책에 영향력을 미치고 그들을 위해 지지를 선언하는 것은 꼭 필요한 일입니다. 우리는 인도주의적 지원을 위한 소통을 더욱 확대해야 합니다. 보다 많은 NGO들이 현지 정부와 협력하는 것도 물론 필요하지만, 결국 각 국가가 이런 일에 적극적으로 나서야 합니다. 난민 문제는 NGO들이 기술적인 지원을 제공함과 동시에 국가가 행동으로 나서지 않으면 안 되는 사안입니다. 취약 계층을 우선순위로 지원하되 장기적인 지원과 통합적인 정책이 필요합니다.

사실 난민들이 평생 독일이나 네덜란드에 살고 싶어 하는 것은 아닙니다. 꽤 많은 난민들이 고향의 상황이 나아지면 돌아가고 싶어 합니다. 그렇지만 돌아간다손 치더라도 무참히 파괴되고 많은 것이 부족한 나라로 돌아가게 됩니다. 사실 이들을 먹이기 위해서는 엄청나게 많은 식량이 필요합니다. 그래서 미국, 영국, 한국 등 전 세계의 지원이 필요합니다.

모두의 의지를 모아야 할 때

여러분과 같은 젊은이들이 극단적인 단체에 들어가고 있다는 것은 분노의 표출입니다. 정의가 없는 것에 대한 분노, 차별에 대한 분노, 소외에 대한 분노, 사회와 국가의 지도자들에 대한 분노입니다. 우리는 극단주의의 근간에 있는 분노를 어루만질 수 있어야 합니다. 여러분 중에 프랑스 파리나 벨기에 브뤼셀에 가보신 적이 있는지 모르겠습니다. 이런 유럽의 대도시에 가보면 진짜 차별이란 것이 무엇인지 느낄 수 있습니다. 어떤 이름을 갖고 있는지, 어떤 배경을 갖고 있는지에 따라 누군가는 차별을 겪고 있습니다. 난민도 그런 관점에서 생각해볼 수 있습니다.

기본적으로 시리아의 문제가 해결이 되어야만 이러한 끔찍한 일의 고리를 끊을 수 있습니다. 우리 리더들의 정치적 의지, UN과 구호 활동가들의 역할이 어느 때보다 중요한 시점입니다.

나눔은 한여름 모기와 같습니다

모기가 얼마나 무서운지 아십니까? 90킬로그램의 몸무게를 가진 장정도 쓰러뜨릴 수 있는 것이 모기입니다. 아무리 작더라도 모기는 사람에게 큰 영향을 미칠 수 있습니다. 나눔도 이 모기와 같다고 생각합니다. 나눔으로도 세상을 바꿀 수 있습니다. 여러분들은 스스로 가진 것이 없다고 생각할지도 모릅니다. 하지만 모기처럼 생각하면 분명히 세상을 바꿀 수 있습니다.

인간은 숫자가 아니다

저는 스위스의 농촌 지역에서 자랐습니다. 1950~1960년대에는 굶는 사람이 많았습니다. 좋은 시계를 차고 초콜릿을 먹던 시절이 아닙니다. 보기에 따라서는 부유해 보였을지도 모르지만 그것이 얼

크리스천 크루거 Christian Kruger 크루거 지주 회사와 크루거앤코 회장으로 1978년부터 회사를 이끌어왔다. 아동 복지에 힘써온 그는 인도에 '크루거 재단'을 설립해 나눔을 실천하고 있다. 오갈 곳 없는 어린이들에게 집을 지원하고, 외딴 마을에 전기를 공급하며, 나무심기 사업에 참여한다.

마나 오래갈지는 알 수 없는 시절이었습니다. 저는 아주 어렸을 때부터 부모님의 영향을 받고 자랐습니다. 부모님은 주변 사람들을 돕고 명상을 하며 행복해하셨고, 동양철학을 배우면서 마음의 여유와 풍요로움을 느끼셨습니다. 부모님은 제가 아주 어릴 때부터 중국의 점령으로 나고 자란 고향을 떠나 유럽으로 건너 온 티베트 난민들을 돌봐주시고는 했습니다. 어찌됐든 저희 가족은 항상 난민 이야기를 나누곤 했습니다.

제가 아홉살 때 인도의 한 수도자가 집에 오셨습니다. 일본에서 공부를 하고 미국에서도 많은 강의를 하셨던 분으로 종종 좋은 얘기를 해주셨습니다. 제 모국어가 독일어였기 때문에 모두 이해하지는 못했지만 말입니다. 그것이 인연이 되어 대학생 때 그분의 초대로 인도에 가게 되었습니다. 12시간이나 버스를 타면서 정글로 들어갔고 질병에 고통 받는 많은 사람을 만났습니다. 저는 음식점, 커피숍도 없는 그곳에서 매년 한 달씩 15년 동안 요가와 명상을 배우면서 현지인을 도왔습니다. 그 과정에서 '단순하게 사는 삶'에 대해서 깨닫기도 했습니다. 매일 오후가 되면 여성과 아이들이 저에게 왔습니다. 저는 그들의 손에 땅콩을 쥐어 주곤 했지만 그들은 몇 주 동안 그저 저를 지켜보기만 했습니다. 당시 한 여성이 말했습니다.

"음식을 나눠줄 때는 사랑을 담아 나눠주세요."

저는 그때 알았습니다. 무엇을 하든지 사랑으로 해야 하고, 그것

"선의는 실패하지 않는 투자입니다."

이 큰 차이를 가져온다는 사실을 말입니다. 사람들은 단순히 음식을 얻고자 하는 것이 아니라 사랑을 원합니다. 난민도 마찬가지입니다. 난민은 숫자가 아니라 인간입니다. 그리고 자발적으로 이동하는 것도 아니고 원해서 이사하는 것도 아닙니다. 이것이 바로 그들에게 사랑이 필요한 이유입니다.

교육과 전기 공급, 재조림再造林

저의 자선 활동은 크게 세 가지입니다. 저는 미얀마와 아프리카에서도 아이들을 돕고 있지만 40년 동안 100번 이상 인도를 갔을 정도로 인도에 초점을 맞춰왔습니다. 그곳에서 의사들과 함께 아픈 사람을 치료했고 1989년에는 여러 사람들의 지원으로 뭄바이에서 700킬로미터 떨어진 곳에서 아동을 위한 센터를 짓기도 했습니다. 인도에서의 중점적인 활동은 우선, 교육입니다. 저는 13~14세의 어린 학생들을 1년에 두 번 만나 보다 나은 시민이 되기 위한 교육을 하고 또 금전적 지원도 함으로써 사회에 무엇인가를 기여하도록 돕습니다. 200개의 학교에서 최고의 학생을 선발해서 가르치고 그 학생들이 또 다른 학생을 교육하도록 합니다.

두 번째는 전기 공급, 세 번째는 재조림再造林 프로젝트를 추진하고 있습니다. 이 둘은 에너지와 관련한 글로벌 도전 과제를 해결하기 위한 것입니다. 호랑이 보호지역으로 지정된 인도의 어떤 곳은 대규모의 댐이 건설되었음에도 불구하고 전기를 공급받지 못하고 있었습니다. 따라서 저희는 태양열을 이용해서 전기를 공급하고 있습니다. 재조림 프로젝트는 인도 남부를 중심으로 진행되고 있습니다. 이곳은 산림이 많이 파괴된데다 비가 워낙 많이 와서 토양이 유실되는 경우가 많기 때문입니다. 제가 이런 활동을 하는 이유는 앞으로 100~200년 안에 에너지 부족 사태가 날 것으로 예상하기 때문입니다. 언젠가는 금속이 바닥이 날 것이고, 석유도 바닥나게 됩니다. 따라서 인류에게는 지속생산 가능한 에너지가 필요합니다.

선의의 투자는 실패하지 않는다

자율주행차까지 나온 시대지만 아직까지도 12억 명의 사람이 전기 없이, 10억 명의 사람이 깨끗한 물 없이 살고 있습니다. 이러한 대조는 시간이 가면서 더욱 극명해질 것입니다. 최근 몇 년 사이 에너지 소비는 급격하게 늘고 있습니다. 지금 인류가 사용하는 에너지의 13퍼센트만이 친환경 재생 에너지입니다. 제가 아무리 방법을 찾아봐도 뾰족한 수는 보이지 않습니다. 하지만 우리가 연구와 노력을 계속한다면 보다 청정한 에너지와 물 공급원을 찾을 수 있습니다. 그래서 도움이 필요한 곳에 도움을 줄 수 있습니다. 저는 끊임없이 도움이 필요한 곳에 꼭 필요한 에너지를 공급할 수 있는 방법을 모색하고 실천에 옮길 계획입니다. 친환경적 방식으로 에너지 프로젝트를 추진할 예정입니다.

우리는 하나의 인류입니다. 제가 평생 기억하는 두 개의 문장이 있습니다. 바로 제가 존경하는 수도자의 말입니다.

"인류를 이롭게 하는 삶을 살라. 선의善意는 실패하지 않는 투자다."

(Live to benefit mankind. Goodness is the only investment that never fails.)

이 말을 여러분에게 꼭 전해드리고 싶습니다.

세상을 바꾸는 영향 투자

우리는 모두 세상에 변화를 일으킬 방법을 가지고 있습니다. 문제는, 우리가 늘 사용하는 수단이 아닌 다른 방법을 활용하는 법을 잘 모른다는 것입니다. 예를 들면 이런 것입니다. 우리가 고아원을 지원할 때 다양한 기업이 참여하고 다양한 종류의 펀드와 개인이 다방면에 걸쳐 연계되는 형태는 생각하지 못한다는 겁니다. 이러한 방식의 자선은 에너지 벤처회사는 친환경 재생 에너지를 공급하고 교육회사는 교육서비스를 지원하게 하는 것입니다. 투자회사로서는 일정한 금액을 통해 또 다른 식으로 고아원을 지원하는 방식일 수 있습니다. 저는 이런 식의 투자를 '영향 투자Impact investment'라고 부릅니다. 이것은 자선 활동에 새로운 자극을 주고 약점을 보완합니다.

저스틴 록펠러 Justin Rockefeller 미국의 대부호 존 D. 록펠러의 5대손으로, 전 세계에서 사회에 선한 영향을 끼칠 잠재력을 가진 사회적 기업을 선정해 투자하는 비정부기구 '더 임팩트The Impact'의 공동 창업자이자, 자산관리 자문 및 소프트웨어 개발사 아데파Addepar의 글로벌 디렉터이다. 2009년부터 록펠러 브라더스 펀드의 이사회와 투자감사위원회 위원으로도 활동하고 있다.

"인류가 직면한 문제를 두고 정부 지원만 기대해서는 안 됩니다. 우리 스스로의 힘을 더 키워야 합니다."

정부 지원만 기대해서는 안 돼

지금 세계가 직면한 문제는 한두 가지가 아닙니다. 빈곤, 기후변화 등 극복하기 어려워 보이는 문제가 굉장히 많습니다. 이런 문제를 해결하려면 정부의 지원만 기대해서는 안 됩니다. 우리 스스로의 힘을 더 강하게 만들어야 합니다. 그 방편으로 저는 자본시장을 여기에 끌어들이면 어떨까 하는 생각을 했습니다.

제가 고안한 영향 투자, 사회 목적 투자의 예를 들어보겠습니다. 저는 '모던 매도우'라는 회사의 창업 초기 투자자 중 한 명입니다. 뉴욕의 브루클린에 있는 이 회사는 가죽을 만들지만 동물은 죽이지 않습니다. 생물학적으로 세포를 배양해 인조가죽을 만듭니다. 소에게서 피부 세포를 채취하고 이것을 다시 배양한 후 진짜 가죽을 만들어 냅니다. 따라서 가죽 지갑, 가죽 카시트를 만들 때 굳이 도축을 하지 않아도 됩니다. 또 도축하는 과정에 필요한 땅과 물이 없어도 되고 이산화탄소, 매탄가스도 발생시키지 않습니다. 저는 이 회사에 투자를 했고 분명 수익을 낼 수 있으리라 생각합니다.

'영향 투자'에 대해서 좀 더 말씀드리겠습니다. 쉽게 설명하면, 투자를 하고 수익을 얻는 데 있어서 뭔가 측정 가능한 사회적·환경적 이익을 얻자는 것입니다. 즉, 나의 투자가 나의 사회적 가치와 맞아 떨어지도록 하자는 겁니다. 수익은 투자 비율에 따라 받을 수 있고, 아니면 미리 합의한 금액으로도 받을 수도 있습니다. 록펠러 브라더스 펀드의 사명은 '더 공정하고 지속가능하고 평화로운 사회를 만드는 데 기여하는 사회적 변화를 일구겠다'입니다. 특히 미국, 중동, 중국, 발칸 반도 일부에서 민주적 행동과 평화 구축, 지속가능성을 목표로 활동하고 있습니다.

우리는 환경오염을 일으키는 비즈니스에는 투자하지 않습니다. 즉 화석연료에 투자하지 않는다는 것입니다. 물론 저희가 투자하지 않으면 다른 회사에서 투자하겠지만, 우리의 결단은 상징적인 의미가 있습니다. 미국의 흑인 운동을 촉발했던 로자 파크스가 했던 행동은 백인에게 자리를 양보하지 않는 것이었습니다. 그의 상징적인 행동 하나는 거대한 반향을 일으켰습니다. 우리 재단은 화석연료에 투자하지 않지만, 그 대신 사명에 맞는 투자를 적극적으로 수행하고 리스크나 변동성 없이 수익을 높이고 구매력을 유지함으로써 공동의 선을 이뤄가고 있습니다.

정의롭고 올바른 투자는 가능하다

록펠러 브라더스 펀드를 진행하면서 몇몇 마음 맞는 동료들과 영향 투자를 확대해보기로 했습니다. 그러자 사람들이 저희에게 '돈을 벌고 있느냐, 잘하고 있느냐'를 물어보더군요. 물론 저희는 목표보다 더 높은 3.5퍼센트 이상의 수익을 내고 있었습니다. 그래서 저희는 중간점검 차원에서 '임팩트'라는 새로운 일을 계획했습니다. 투명성을 높이는 것이 목적이었습니다. 즉, 우리는 투자와 관련된 여러 사회 재정적인 결과를 측정해보고자 했습니다. 또 배운 것을 네트워크에 있는 다른 재단들과 공유하고도 싶었습니다. 이렇게 정보를 공유한다면 더 정확한 정보 확보로 이어져 더 좋은 의사결정을 내릴 수 있으리라 기대했습니다. 이외에도 자선 활동에 대한 구체적인 정보가 없어 고민하는 다른 재단에게도 도움이 되리라고도 생각했습니다. 이러한 투명성이 바탕이 되면 더 많은 기업이 사회적, 환경적으로 옳은 투자를 할 수 있으리라 생각했습니다. 특히 자본이 있는 곳에 인재가 있고 인재가 있는 곳에 돈이 모이기 때문에 더 나은 자선 활동가들이 이러한 방향으로 움직이도록 독려하고자 했습니다. 그래서 '팰런티어'라는 빅데이터 기술기업과 협력해서 '아데파'라는 정보처리 소프트웨어를 무료로 공급해달라고 요청했고, 우리의 투자 포트폴리오가 어떤지 서로 공유할 수 있도록 했습니다.

우리가 이렇게 적극 다른 방법을 찾은 것처럼 여러분도 내가 활용할 수 있는 방법이 무엇인지 생각해 봤으면 합니다. 시간, 네트워크, 자본도 중요하지만 그 모든 것을 아우를 수 있는 도구를 만들어 내 여러분들이 더욱 큰 시너지를 일으켰으면 합니다.

THE CHOSUNILBO
TV CHOSUN
The 7th
ASIAN
LEADERSHIP
CONFERENCE
SPEAKERS
SPEAKERS

질문과 답변

Q 가족 재단의 역할이 궁금합니다. 가족 재단이 한국인들이 미래에 할 수 있는 자선이라고 볼 수도 있을 것 같습니다.

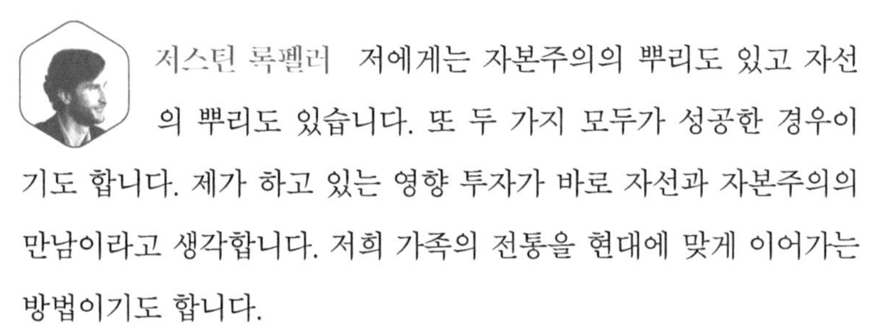

저스틴 록펠러 저에게는 자본주의의 뿌리도 있고 자선의 뿌리도 있습니다. 또 두 가지 모두가 성공한 경우이기도 합니다. 제가 하고 있는 영향 투자가 바로 자선과 자본주의의 만남이라고 생각합니다. 저희 가족의 전통을 현대에 맞게 이어가는 방법이기도 합니다.

스탠더드오일의 창업주인 존 D. 록펠러 시니어는 수익의 10분의 1을 십일조처럼 자선 활동에 투자했습니다. 첫 월급부터 10분의 1을 자선에 투자를 했습니다. 즉 기부를 한 것입니다. 그리고 이후에는 기부금을 점점 더 늘렸습니다. 그는 기부를 '돈을 버는 과정의 일부'로 생각했습니다. 그래서 돈으로 무엇을 하느냐가 매우 중요한 도덕적 잣대였습니다. 돈을 버는 방법, 돈을 투자하는 방법, 돈을 쓰는 방법이 모두 도덕적 결과를 초래한다고 생각했습니다.

한국의 경우 가족 재단은 지속적으로 가족을 하나로 묶고 대화의 소재를 제공하고 세대를 넘어서 계속 물려줄 수 있는 유산일 수 있습니다. 록펠러 가문에는 가족과 관련된 사무실이 있고, 또 자신이 무엇을 하는지를 논의할 수 있는 대화의 장이 있습니다. 저는 부모님, 조부모님을 보면서 이러한 것을 배웠습니다. 조부모님인 데이비드 록펠러는 101세인데 여전히 전 세계를 다니면서 행동으로 신념을 보여주십니다. 모든 사람을 존중하고 소박한 생활을 영위함으로써 자선과 사업에 성공하는 방법을 보여주십니다.

6장

차를 살 이유도, 운전할 이유도 없는 세상

토니 세바

스탠퍼드대학 교수,
《에너지 혁명 2030》 저자

몇 년 정도 차이가 날 수는 있겠지만, 적어도 2025년이 되면 모든 신차는 전기차가 될 수밖에 없습니다. 테슬라는 세 번째 전기차 모델의 선주문을 3억 5천만 달러어치를 받았다고 발표했습니다. 무려 1년 반 뒤에 차가 출시됨에도 불구하고 주문 개시 24시간 만에 18만 대가 예약되었습니다.

2018년, 운전대를 잡을 필요가 없다

저는 여러분을 미래 교통의 세계로 안내하고자 합니다. 제가 말하는 미래란 20년 후, 100년 후가 아닌 굉장한 임박한 미래를 말합니다. 먼저, 미래로 가기 전에 한번 과거를 봅시다. 1900년대 뉴욕 5번가 곳곳에는 마차가 널려 있었습니다. 그런데 당시 어떤 사진을 보면 단 한 대의 자동차가 있습니다. 그로부터 13년 뒤의 모습을 보면 반대로 말이 단 한 마리가 있습니다. 13년 전 말로 가득했던 거리가 자동차로 가득한 거리로 변했습니다. 이것이 바로 파괴적 혁신, '디스럽션Disruption'입니다. 지금 우리에게도 교통의 급격한 파괴적 변화가 일어나고 있습니다.

파괴적 혁신이란 무엇일까요? 파괴적 혁신은 다양하면서 새로운 기술들이 합쳐지면서 새로운 시장이 만들어지고 기존 업계를 완전히 뒤엎을 때 생겨납니다. 디지털 카메라가 출현하면서 코닥의 필

토니 세바 Tony Seba 차세대 에너지와 전기자동차 분야 전문가로, 매사추세츠공과대학을 졸업하고 스탠퍼드대학에서 경영학 석사를 마쳤다. 시스코와 RSA데이터시큐리티 등 기술 기업에서 20년 이상 근무한 경험을 바탕으로 현재 스탠퍼드대학에서 경영 및 에너지, 운송의 미래 등에 대해 강의하고 있다.

름 카메라 시장이 완전히 바뀌었습니다. 우버의 경우 택시업계가 바뀐 것을 파괴적이라고까지 말할 수는 없지만 매우 근본적인 변화인 것은 틀림없습니다.

2조 4천억 달러를 날린 AT&T

그렇다면 파괴적 혁신은 가장 똑똑한 사람들이 주도하는 것일까요? 그렇지 않습니다. 1985년에 가장 큰 통신사는 AT&T였습니다. 당시 AT&T는 컨설팅회사인 맥킨지에 의뢰해 '15년 후인 2000년이 됐을 때 미국의 핸드폰 시장을 예측해 달라'고 자문을 구했습니다. 이때 맥킨지는 90만 대의 핸드폰이 있을 것이라고 예상했습니다. 하지만 실제 사용자의 수가 몇 명이었는지 아십니까? 1억이 넘는 사람이 핸드폰을 사용했습니다. 이것은 사실 맥키지의 실수가 아닙니다. 그만큼 파괴적 혁신은 엄청난 속도로 진행된다는 얘기입니다. 당시 AT&T는 사업 기회가 없다고 생각해 참여를 하지 않았습니다. 결국 잠재적인 손실을 보았을 뿐만 아니라 휴대전화 시장에 뛰어들지 않음으로써 큰 기회를 잃었습니다. 시장 가치로 보면 2조 4천억 달러의 기회를 놓쳤습니다. 비즈니스를 놓쳤을 뿐만 아니라 이 파괴적 혁신의 흐름에서 소외된 것입니다.

때로는 전문가들이 기회를 놓치곤 합니다. 전문가들은 "이런 일은 벌어지지 않을 거야. 벌어지더라도 시간이 굉장히 오래 걸릴 거야"라고 이야기합니다. '13년 만에 어떻게 이런 일이 벌어지겠어?' 라는 회의적인 시각을 갖고 있는 사람들이 바로 소위 똑똑하다는 사람들, 전문가들입니다. 이 파괴력에 대한 연구를 하면서 저는 이런 질문을 자주하게 됐습니다. '왜 똑똑한 조직에 있는 똑똑한 사람들이 시장 파괴를 예측하지 못하고 주도하지 못할까?' 저는 이 부분이 매우 궁금했습니다.

리튬 이온 배터리와 전기 자동차가 몰고올 파괴적 혁신

예측을 하려면 기술적인 면이 중요합니다. 파괴적 현상이 있으려면 기술이 있어야 하고 적어도 11퍼센트, 50퍼센트, 40퍼센트 등 두 자리 수 이상으로 매년 발전 속도를 기록해야 파괴적인 영향이 발생합니다. 그런데 우리는 사실 폭발적인 무엇인가를 생각하기보다는 작은 것들을 많이 생각합니다. '오늘 무엇을 먹을까?' '내일은 무슨 일이 있을까?' '다음 달은?' '내년에는?' 그런데 매년 뭔가가 41퍼센트 증가하면 10년 후면 1천 배 늘어나고 20년 후면 100만 배로 늘어납니다. 30년이면 10억 배가 더 늘어납니다. 그래서 컴퓨터뿐 아니라 수많은 산업 분야에서 다양한 파괴적 혁신이 가능했던 것입니다.

지난 수년 간에도 이런 파괴적 혁신의 기반이 될 기술들이 등장했습니다. 이러한 기술이 융합되면서 파괴적인 제품과 서비스가 등장했습니다. 애플의 아이폰과 안드로이드폰이 2007년 같은 해에 동시 등장했다는 것은 우연이 아닙니다. 바로 2007년이 되자 여러 기술이 융합되면서 스마트폰을 탄생시켰습니다. 누군가가 할 수밖에 없었습니다. 그것이 바로 아이폰과 안드로이드폰이었습니다.

인공지능, 최첨단 센서, 로봇, 태양에너지, 3D 프린터 등의 기술이 어떻게 조합을 이루느냐에 따라서 엄청난 파괴력이 나옵니다. 예를 들겠습니다. 센서의 경우 2007년을 기준으로 비교할 때, 가격은 1천분의 1로 저렴해졌고, 성능은 1천배 더 강력해졌습니다. 이러한 속도라면 앞으로 7~8년 뒤에는 매년 10조 개의 센서가 생산됩니다. 이 수량은 엄청난 것입니다. 현재 전 세계의 인구가 70억입니다. 여기에 10조 개의 센서라면 인구 1인당 얼마나 많은 양의 센서가 있는 것일까요?

향후 몇 년 안에 벌어질 교통 분야의 파괴적 혁신도 마찬가지입니다. 다양한 요소가 맞물리고 상호작용하면서 업계를 완전히 뒤바꾸어놓을 것입니다. 현재 가장 중요한 기술은 리튬 이온 배터리와 같은 에너지 저장 기술입니다. 리튬 이온 배터리는 노트북이나 스마트폰에 들어갑니다. 그런데 2009년이 되면서 전자와 전기, 컴퓨터 업계를 압도하는 분야가 생겼습니다. 바로 자동차 업계입니다.

그러면서 이 리튬 이온 배터리에 대한 투자가 엄청나게 늘게 되었습니다. 2010년 이후 리튬 이온 배터리의 연간 성장률은 16퍼센트가 되었고 그 성장이 계속 유지되고 있습니다. 이는 향후에 배터리의 원가가 절감된다는 이야기이고 이는 곧 전기 자동차의 새로운 기회로 작용한다는 의미입니다. 지금 테슬라가 네바다 주에 50억 달러를 투자해 리튬 이온 배터리 공장을 짓고 있습니다. 이 외에도 엄청난 규모의 공장을 짓는 회사들이 있습니다. 폭스콘Foxcon, 엘지화학 등의 회사들이 있습니다. 2015년 12월 다이슨도 배터리 회사를 인수했습니다. 청소기를 만드는 회사에서도 전기 자동차를 만들겠다고 나서고 있습니다. 뿐만 아니라 엄청난 규모의 공장을 짓겠다는 곳이 12군데나 더 있습니다. 가격이 곧 하락한다는 의미입니다. 이는 전기 자동차의 변화를 위한 기폭제가 됩니다.

경쟁할 방법 자체가 없는 시장, 전기차

미국의 자동차 전문 잡지인 〈모터 트렌드〉는 테슬라가 만든 전기 자동차에 최고의 점수를 주었습니다. '최고의 전기차'가 아니고 그냥 '최고의 차'로 인정하면서 100점 만점에 103점을 주었습니다. 물론 나중에 지나친 과찬이었다며 철회를 했지만 중요한 것은 그 정도로 만족감을 주는 차였다는 말입니다.

"인공지능, 최첨단 센서, 로봇, 태양에너지, 3D 프린터 등의 기술이 어떻게 조합을 이루느냐에 따라서 엄청난 파괴력이 나옵니다."

전기차가 과연 파괴적 혁신 제품일까요? 파괴적이 되려면 기존의 시장을 완전히 뒤엎을 정도가 되어야 합니다. 가솔린차는 탱크 안에 있는 전체 에너지의 17~20퍼센트만 활용하고 나머지 80퍼센트는 열로 발산해 버립니다. 그냥 버려진다는 의미입니다. 하지만 전기차는 이러한 낭비 없이 에너지 효율성이 99퍼센트입니다. 배터리에 있는 에너지를 완전히 다 사용한다고 보시면 됩니다. 그렇기 때문에 에너지 효율성이 5배나 더 높습니다. 이것만으로는 파괴적이 아니라고 할 수도 있습니다. 하지만 사용자의 입장에서 디젤이나 휘발유보다 최소 5배에서 10배 정도 저렴합니다. 이 정도면 파괴적인 제품이라고 할 수 있습니다.

더 나아가 일반적인 차에서 움직이는 부품은 약 2천 개입니다. 하지만 테슬라는 18개입니다. 매연도 적고 고장도 훨씬 적게 납니다. 또 문제가 생겨도 평생보증을 해줍니다. 유지보수 비용이 워낙 저렴하기 때문에 사용자의 입장에서는 무료로 유지보수를 받는 것이나 마찬가지입니다. 자동차 업계에서는 100년 동안 이런 이야기를 했습니다. "고성능 자동차를 원한다면 더 많은 돈을 내십시오. 성능이 낮은 자동차를 원한다면 낮은 비용을 지급하십시오." 하지만 전기차는 이러한 개념을 바꿉니다. 기존의 자동차가 경쟁할 수 없는 영역을 만들어 냅니다. 바로 이것이 파괴적이라는 것입니다. 매연 자동차는 전기차와 경쟁할 수 있는 방법 자체가 없습니다.

2025년을 기대하라

중요한 것은 이 파괴적 혁신이 언제 나타날 것인가 하는 점입니다. 우선 주행거리가 320킬로미터 정도가 되어야 합니다. 또한 3만 달러 정도에 판매될 수 있어야 합니다. 미국 차의 평균 신차 비용이 3만 3천 달러입니다. 이 두 가지 조건이 동시에 만족되는 시점을 2020년경으로 예상하고 있습니다. 이때가 되면 전기충전 비용이 휘발유 주유 비용의 10분의 1 정도로 떨어지게 됩니다. 이렇게 되면 사람들은 당연히 전기차를 선택할 수밖에 없습니다. 경제적으로 합리적인 선택이기 때문입니다. 2023년 쯤이 되면 저가 시장마저도 전기차 쪽으로 이동할 것으로 보입니다. 왜냐하면 이때에 2만 달러 정도 규모의 전기차가 생산되기 때문입니다. 이로써 또 한 번의 파괴적 혁신이 일어나게 됩니다. 자동차뿐 아니라 버스, 트럭, 트랙터도 다 마찬가지입니다.

결국은 몇 년 정도 차이가 날 수는 있겠지만, 적어도 2025년이 되면 모든 신차는 전기차가 될 수밖에 없습니다. 테슬라는 세 번째 전기차 모델의 선주문을 3억 5천만 달러어치를 받았다고 발표했습니다. 무려 1년 반 뒤에 차가 출시됨에도 불구하고 주문을 받기 시작한 후 24시간 만에 18만 대가 예약되었습니다. 이것은 그간 어떤 자동차 회사도, 어떤 모델에서도 달성한 적이 없는 최고의 금액입니다. 이것이 다가 아닙니다. 다시 2주가 지나자 총 40만 대에 대한 주문이 이어졌습니다. 결국 4억 달러의 클라우드 펀드를 받았다고 볼 수 있습니다. 은행에서 투자를 받지 않고 계약금만으로 개발 금액을 벌어들인 것입니다.

주목할 것은 이러한 파괴적 혁신이 기존의 자동차 회사들에 의해 진행되는 것이 아니라 컴퓨터 회사들에 의해 진행된다는 사실입니다. 폭스콘 또한 전기차 시장에 뛰어들었습니다. 폭스콘은 아이폰, 아이패드를 만드는 컴퓨터 회사입니다. 생각해보면 전기차라는 것은 18개의 움직이는 부품, 대형 전지, 다양한 내부 전자 장치들을 갖고 있는 첨단 기기와도 같습니다. 다시 말하면, 전기차는 본질적으로 '바퀴 달린 컴퓨터'라는 것을 의미합니다. 애플에서도 수천 명이 전기차를 연구하고 있습니다. 따라서 이 파괴는 기존의 자동차 회사들이 촉발하는 파괴가 아니고 밖에서 밀고 들어오는 파괴입니다.

비즈니스 모델 역시 파괴적 혁신의 대상입니다. 우버가 바로 이러한 비즈니스 모델의 파괴를 이뤄냈습니다. 기술과 관련된 것이 아니고 클라우드와 모바일 플랫폼인 스마트폰 환경을 활용해서 파괴적 혁신 효과를 만들어냈습니다.

테슬라는 전기차 무료 충전 서비스를 제공하고 있습니다. 슈퍼나 쇼핑몰에 주차를 하면 무료로 충전을 해줍니다. 실리콘밸리의 회사가 쇼핑하는 사람들에게 서비스를 제공하고 광고도 하고 있습니다.

결국 소비자가 전기를 구매하는 데 사용하는 비용은 0원이 됩니다. 특정 제품을 구매하는 데 가격이 0원이라면 파괴적 혁신이라는 개념을 적용할 만합니다. 또한 전기를 전기차에 대량으로 저장할 수 있게 되면 차에 전기를 충전하고 집의 전기를 차를 통해 이용할 수 있습니다. 전기차는 어떻게 보면 바퀴 달린 발전소이기도 합니다. 엄청난 파괴적 혁신이 아닐 수 없습니다.

2018년 내 완전 자율주행 가능

자율주행 자동차는 어떻게 될까요? 사실 자율주행과 관련된 기술은 여러 형태로 10년 이상 존재해 왔습니다. 테슬라에 의하면, 자신의 공장에서 나오는 차의 90퍼센트는 이미 자율주행이라고 합니다. 물론 완전한 자율주행이 법적으로 승인이 되지는 않았지만 기술적으로는 현재도 가능하다는 것입니다. 그리고 2년 이내에는 100퍼센트 자율주행이 가능하다고 말합니다. 결국 인간의 개입이 전혀 필요 없는 시기를 2년 이내로 보고 있습니다. 닛산은 완전 자율주행차를 2018년에서 2020년 사이에 출시하겠다고 했습니다. 이런 차들은 핸들이 아예 없는 차를 말합니다. 말 그대로 완전한 자율주행이 가능하다는 이야기입니다.

자율주행 자동차 기술은 두 개의 핵심기술을 가지고 있습니

다. 첫 번째는 자율주행차가 주변 사물을 인식하는 센서의 역할을 하는 라이더lidar입니다. 이는 100만 개의 레이저 펄스를 100미터에서 200미터 가량 365도 방향으로 뿌립니다. 펄스가 다시 반사되어 오면 트렁크에 있는 컴퓨터가 이를 분석하고 처리합니다. 2012년에 라이더의 비용은 7만 달러였습니다. 2012년에 전문가들은 라이더가 너무 비싸기 때문에 자율주행 자동차가 불가능할 것이라고 말했습니다. 그렇지만 2013년 말에 1만 달러

로 떨어졌습니다. 고작 2세대 버전의 라이더였는데 말입니다. 그리고 2014년이 되면서 실리콘밸리에 있는 한 CEO가 라이더를 1천 달러에 팔 것이라고 발표했습니다. 이는 최첨단 라이더입니다. 3년 만에 7만 달러가 1천 달러가 됐습니다. 자율주행차를 만드는 데에 이제 라이더는 더 이상 문제가 되지 않습니다.

라이더는 매초 100만 개의 레이저 펄스를 내보내기 때문에 이를 처리하는 슈퍼 컴퓨터를 필요로 합니다. 2000년도 세계 최고의

1테라 플럭스 규모의 슈퍼 컴퓨터의 가격은 5천만 달러였습니다. 2015년에 엔비디아NVIDIA CEO는 2테라 플럭스 규모의 컴퓨터를 발표하면서 그 가격을 54달러로 책정했습니다. 2016년 1월 엔비디아는 8테라 플럭스의 제품을 발표했습니다. 가격은 정해지지 않았지만 수백 달러 정도로 예상됩니다.

실제로 한 뉴스 매체는 한 명의 엔지니어가 샌프란시스코에 있는 본인의 차고에서 자율주행차를 만들었다는 보도를 했습니다. 이 차를 만들기 위해 투자한 돈은 5만 달러밖에 되지 않았습니다. 전기차는 현재 여기까지 왔습니다. 그렇다면 과연 우리는 전기차를 받아들일 준비가 되었습니까? 브라질에서는 소비자의 95퍼센트가 자율주행 자동차가 지금 당장 있었으면 좋겠다고 응답했습니다. 중국, 인도도 마찬가지입니다. 세계 인구의 절반을 차지하는 소비자들이 자율주행 자동차를 운전할 준비가 되어 있다고 말하고 있습니다. 왜 샌프란시스코가 아닌 중국이나 인도일까요? 여러 이유가 있겠지만, 교통 체증이 매우 심한 나라이기 때문일 것입니다. 서울 사정도 별반 다르지 않으니까, 여러분도 준비가 되어 있으리라 생각합니다.

이제 우리는 운전을 하지 않고 차 안에서 쉴 수도 있고 술을 한잔 한 다음에도 음주운전에서 자유로울 수 있고 차 안에서 페이스북을 하고 메일도 보낼 수 있습니다.

차를 소유할 필요가 없는 시대

지난 8년간 저는 차가 없었습니다. 필요할 때마다 그때그때 차를 불러서 사용했기 때문에 소유할 필요가 없었습니다. 저를 가장 빨리 목표 장소로 데려다 줄 수 있으면 무엇이든 사용했습니다. 카셰어링, 와이드 셰어링이라는 두 가지 개념을 설명드리고 싶습니다. 많은 분들이 차를 가지고 있지만 그 차를 소유하고 유지하는 데 드는 비용이 상당히 높습니다. 그런데 우리가 가지고 있는 차 중에서 실제 사용하는 시간은 4퍼센트밖에 안됩니다. 지금 많은 사람들의 차가 주차장에 있기 때문입니다. 우리가 사용하는 차는 하루 24시간 중 96퍼센트는 주행을 안 하고 있습니다. 이는 엄청난 자원낭비입니다.

한 산업 분야가 전체 자산의 4퍼센트만을 운용하고 있다고 상상해 보십시오. 그 산업 분야는 곧 파국을 맞고 말 것입니다. 만약 모든 사람이 카셰어링을 한다면 한 대당 15명의 사람이 할당이 됩니다. 지금 우리의 차량을 15배로 줄일 수 있다는 이야기입니다. 미국 교통부의 조사에 따르면, 카셰어링을 해봤던 사람들 중 14퍼센트가 더 이상 차를 소유하지 않고 있습니다.

우버의 비즈니스 모델은 '와이드 셰어링wide sharing'입니다. 렌트업자가 승객 탑승과 운행 서비스까지 제공하는 모델입니다. 이런 우버의 가치 평가액은 BMW를 능가합니다. BMW는 엄청난 숫자의 자동차를 생산하는 기업입니다. 하지만 우버가 만들어내는 차는 몇 대일까요? 없습니다. 소유하는 차는 몇 대일까요? 없습니다. 우버는 소프트웨어 기반 기업입니다. 그런데 이런 회사의 시가 총액이 세계 최고의 프리미엄 자동차 브랜드인 BMW를 능가합니다. 이 모든 상황을 종합적으로 고려해보십시오. 자율주행차가 가져오는 파괴적인 혁신은 기반 기술과 비즈니스 모델이 있었기 때문에 가능했습니다.

이러한 변화가 가속되면 이제 앞으로 개인은 더 이상 차를 소유할 필요가 없게 됩니다. '나는 여전히 차를 사랑한다'고 하면서 놀라시는 분이 계십니까? 하지만 그래도 4퍼센트밖에 사용하지 않습니다. 우버, GM, 현대 등이 카셰어링과 자율주행을 하면서 24시간 내내 차를 굴린다고 한다면 자산운용이 훨씬 좋아지면서 1킬로미터당 이동 비용이 10분의 1로 줄어듭니다. 지금 우리가 차를 소유하고 1킬로미터를 움직일 때 1달러가 든다면 이제는 10센트만 투자하면 됩니다. 10분의 1로 비용이 줄어드는데 누가 이 비즈니스를 하지 않겠습니까.

파괴적 혁신은 바로 여기에 있습니다. 우리가 차를 더는 소유하지 않는 시대가 오면 기본적으로 주차를 할 필요가 없게 되고 주차 공간이 확 사라지게 됩니다. 부동산 가격이 높은 서울, 런던, 뉴욕,

샌프란시스코의 엄청난 땅값을 차지하고 있는 주차 공간들이 자유가 됩니다. 기술적 혁신이 부동산 시장도 바꿀 수 있다는 이야기입니다. 2030년이 되면 모든 차량은 전기 자동차, 자율주행 자동차일 것이고 카셰어링이 이루어지게 됩니다.

말에서 자동차로 바뀌는 데 고작 13년

다시 과거로 돌아가보겠습니다. 1900년대 뉴욕 5번가에는 자동차가 단 한 대 밖에 없었습니다. 많은 전문가들이 이렇게 이야기합니다. "전기 자동차는 현재 시장에서 1퍼센트밖에 안되고 자율주행 자동차는 시장에서 0퍼센트이다. 이 상황에서 얼마나 빨리 확산이 되겠는가. 10년 안으로는 절대 불가능하다. 20~30년 안에도 쉽지 않다." 사람들은 수만 년 동안 이동하기 위해서 말을 사용했습니다. 하지만 그것이 사라지기까지 13년이 걸렸을 뿐입니다. 앞으로는 바퀴가 달린 컴퓨터가 돌아다니게 됩니다. 기존의 에너지와 교통 산업의 기업 CEO들조차도 향후 5~10년 안에 있을 변화가 지난 100년 동안 있었던 변화보다 더 클 것이라고 말하고 있습니다. 먼 미래의 이야기가 아닙니다. 지금 일어나고 있는 파괴적 혁신, 전기차와 무인 자율주행차에 의한 '디스럽션'입니다.

질문과 답변

Q 테슬라 자동차가 엄청난 선주문을 받은 것을 보면 사람들이 어느 정도 예측하고 있었던 것으로 보입니다. 대중들이 다가올 전기차의 시대를 어느 정도 예측하고 있다고 보십니까? 그리고 지금보다 훨씬 더 큰 변화가 올까요? 또 전기차 시장에서 최후의 승자는 누가 될까요?

토니 세바 '파괴적 혁신은 예측할 수 없는 것'이라고들 하지만, 사실 예측할 수 있습니다. 6년 전인 2010년에 제가 전기 자동차로의 이동이 대략 2016년에서 2020년까지 벌어질 것이라고 예측했고 배터리의 원가 절감 곡선을 제시했습니다. 3만 대의 선주문이 있었을 때 대부분의 사람들이 놀랐지만 저는 놀라지 않았습니다. 왜냐하면 저는 이미 6년 전에 예측했기 때문입니다. 새로운 데이터가 있었기 때문에 가능한 일이었습니다. 그런데 저는 사실 이것보다 더 앞당겨질 것이라고 생각합니다.

어떤 회사가 승자가 될 것인가에 대한 답은 없습니다. 마케팅이나 투자 정보 등 변수가 너무 많기 때문입니다. 하지만 전기차가

이길 것은 확실합니다.

Q 한 가지 걱정되는 건, '이러한 변화에 우리가 과연 적응할 수 있을까'하는 것입니다. 특히 자율주행 자동차의 경우 사고가 발생하면 누가 책임을 질 것인지, 차량 공유 프로그램의 경우 소유주가 분명하지 않기 때문에 사고가 생겼을 때 법적인 문제가 있을 수 있다고 생각합니다. 따라서 너무 빨리 변화가 이뤄지면 적절한 규제가 어려울 수도 있습니다. 변화를 위한 적절한 속도는 어느 정도라고 생각하십니까?

토니 세바 이미 많은 국가들이 자율주행 자동차와 관련된 규제를 손보고 있습니다. 미국은 연방정부 차원에서 구글 측에 서한을 보내 컴퓨터가 탑재된 차량의 경우 컴퓨터가 운전하는 것을 허용할 의사가 있다고 했고, 볼보는 차량에 대한 보험을 직접 제공하겠다고 했습니다.

특히 엄청나게 쌓인 데이터 분석을 통해서 규제가 바뀔 수 있습니다. 예를 들어, 사고가 발생하면 이를 데이터 클라우드에 업로드하게 되고 딥러닝을 통해서 사례를 학습하게 됩니다. 그리고 이 내용이 모든 차량에 공유되면 똑같은 상황이 발생하지 않게 됩니다. 매년 교통사고 사망자의 숫자는 120만 명입니다. 자율주행 자동차는 인간보다 훨씬 운전을 잘할 것이기 때문에 매년 100만 명 이상의 목숨을 구할 수 있습니다. 또 매년 2천만 명에서 4천만 명이 교통사고 때문에 병원 치료를 받습니다. 이것을 방지하는 것만으로도 인류에게 큰 도움이 될 것입니다.

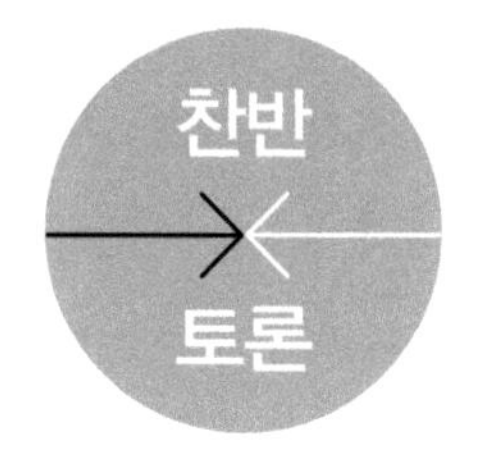

 중국 경제: 살아날까, 하락할까

진행자 짐 클랜시 전 CNN 앵커, 클랜시넷 대표이자 창립자

●살아난다 바이충언 칭화대학 교수

✖침체된다 리처드 덩컨 경제학자, 《달러의 위기》 저자

진행자 세계 2위의 경제 대국인 중국이 지금 변화하고 있습니다. 현재 중국 정부는 부채를 늘리는 등의 경기 부양을 통해 부채가 생산능력을 상회하는 지금 상황을 계속 이어갈 것인지, 아니면 좀비 기업들을 문닫게 하고 과잉생산을 줄이는 구조조정을 단행할 것인지의 기로에 서 있습니다. 시진핑 주석은 구조개혁을 단행하겠다는 신호를 보내고 있는 상황입니다. 그렇다면 향후 중국 경제는 살아날까요? 아니면 침체될까요?

우선 1차 투표를 한 후 연사들의 주장을 듣겠습니다. '중국 경제, 살아날 것이다'는 1번, '아니다, 침체될 것이다'는 2번, 지금 눌러 주십시오.

〈1차 투표결과〉

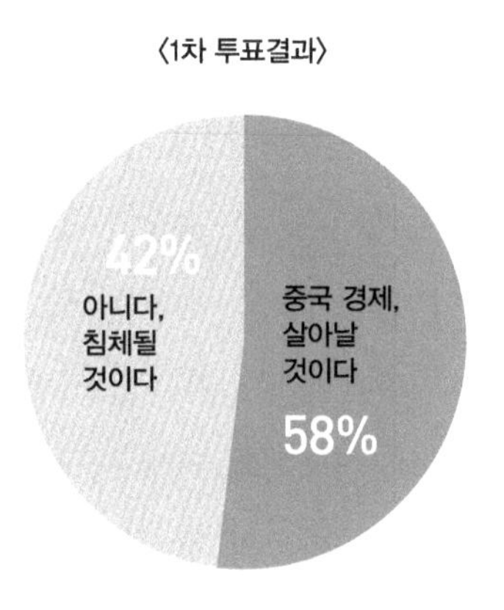

진행자 우선 리처드 덩컨의 의견부터 들어볼까요?

✖ 리처드 한마디로, 지금껏 중국이 사용해 왔던 전략, 즉 수출이 주도하고 투자가 이끄는 전략이 이제는 위기에 봉착했다고 생각합니다. 저는 중국의 경제 붐은 끝났다고 봅니다. 현재 미국의 무역수지가 적자인 것이 중국의 가장 큰 문제입니다. 국가 간의 교역이란 서로 무역수지가 맞아야 하지만 소위 '브레튼 우즈 체제'(1944년 미국 뉴햄프셔 브레튼 우즈에서 전 세계 44개 국가의 정부 관리와 전문가들이 모여 합의한 초기의 국제 금융체제 -편집자)가 끝난 다음에 미국이 다른 나라로부터의 수입에 대해 금이 아닌 달러로 지불

할 수 있게 되었습니다. 미국의 경상수지의 적자가 커질수록 다른 나라의 흑자는 커졌다는 말입니다. 이것은 전례가 없던 일입니다. 이러한 미국의 무역 적자가 전 세계 경제의 동력이 되었고, 또 중국 경제발전의 토대가 됐습니다. 하지만 미국의 적자가 더는 글로벌 경제를 떠받치지 못하고 있습니다.

다음으로 중국의 총 투자를 볼 필요가 있습니다. 총 고정자본의 형성을 살펴보면 1990년에는 920억 달러였습니다. 그런데 이것이 2014년에 4조 6천억 달러가 되면서 50배로 성장을 했습니다. 이것을 좀 제대로 이해하기 위해 미국의 총 고정자본의 형성과 비교해 보겠습니다. 미국의 경제는 중국의 경제보다 60퍼센트나 더 규모가 큽니다. 2000년도와 2014년도 사이에 총 누적 대미국 투자는 1조 달러였습니다, 그런데 누적 대중국 투자는 이보다 훨씬 더 많은 4조 2천억 달러였습니다. 중국은 미국에 비해 4.2배나 더 많은 투자를 한 것입니다. 이것만 보더라도 중국에 얼마나 과잉투자가 이뤄졌고, 얼마나 과잉생산력이 축적됐는지 가늠할 수 있습니다. 글로벌 경제가 성장세에 있었을 때에는 이러한 과잉생산을 수출로 돌릴 수 있었습니다. 그런데 세계 경제가 침체되면서 수출도 자연스럽게 위축이 되었습니다. 그에 따라 과잉생산은 더욱 늘어나게 되었습니다.

또한 중국에서는 2000년과 2014년 사이에 건설 수주액이 1300퍼센트 상승했습니다. 연평균 20퍼센트 늘어난 것입니다.

하지만 2015에는 2퍼센트밖에 증가하지 않았습니다. 전력 생산 또한 329퍼센트 늘어났으며 연평균 증가율은 11퍼센트였습니다. 하지만 2015년에는 3퍼센트밖에 오르지 않았습니다. 철강 생산은 526퍼센트 늘었고 연평균 증가율은 14퍼센트였습니다. 2015년에는 철강 생산이 오히려 2퍼센트 줄었습니다. 시멘트 생산량은 295퍼센트 상승했으며 연평균 성장률은 10퍼센트였습니다. 2015년에는 -5퍼센트로 위축이 됐습니다. 2011년에서 2013년 사이에 중국은 미국이 20세기 전체에 생산한 것보다 더 많은 시멘트를 생산했습니다. 하지만 현재 시멘트산업 자체의 성장률은 0퍼센트입니다. 중국의 수출도 2000년에서 2014년도 사이에 845퍼센트 상승해 연평균 19퍼센트를 기록했습니다. 이 역시 2015년에는 -9퍼센트로 하락했습니다.

중국의 수입은 어떨까요? 다른 나라에서 봤을 때 중국의 GDP 성장률은 중요하지 않습니다. 중국이 얼마나 수입을 하고 있느냐, 그 수입은 어느 정도 성장하느냐가 중요합니다. 2000년에서 2014년도 사이에 775퍼센트 성장을 했으며 연평균 성장률은 19퍼센트였습니다. 하지만 2015년에는 -17퍼센트를 기록했습니다. 2015년에 중국의 경착륙은 이미 시작되었습니다. 경제 호황은 2015년에 이미 끝났습니다.

● **바이충언** 리처드가 나열한 수치는 '성장 전략의 전환기에 발생

하는 현상'일 뿐입니다. 리처드가 얘기했듯이 2008년 이전에는 무역수지 흑자가 중국의 경제 성장에 큰 기여를 했습니다. 무려 GDP의 약 8퍼센트를 차지했기 때문입니다. 하지만 그 이후에는 2퍼센트 미만으로 떨어졌습니다. 2008년도 이후에는 투자가 더 큰 역할을 했습니다. 인프라에 많은 투자를 해서 모든 부문에서의 투자가 늘었습니다. 그러다 보니 과잉생산이 발생했고 부채율도 높아졌습니다. 바로 이것이 중국이 직면하고 있는 문제입니다.

지금 중국은 무역수지의 불균형이 줄고 있습니다. 투자 성장률의 경우 '많이 떨어졌다'고 할 수는 없지만 전반적으로 투자 성장률 자체가 하향세를 보이는 것은 사실입니다. 하지만 가계 소비는 늘고 있습니다. 가계 소비의 증가는 2016년도 성장의 가장 큰 동인이 되었습니다. 2016년 첫 4개월을 살펴보면, 국내 가계 소비가 성장의 80퍼센트를 차지했습니다. 그리고 첫 4개월 동안의 소비가 전년 대비 10퍼센트 성장한 것으로 나타났습니다. 가계 소득과 국민 소득은 함께 늘어났습니다. 리처드가 과잉생산 얘기를 하셨는데, 과잉생산이 아주 심각하게 진행된 것도 대개 건설 관련 분야입니다. 철강과 시멘트가 주이며 부분적으로는 무역과 관련이 있습니다. 조선 분야도 마찬가지입니다. 무역이 둔화되면서 해운과 운송도 타격을 받고 있습니다.

결국 지금의 중국은 '전환기'라는 사실이 중요합니다. 중국 경제에 대한 희소식도 있습니다. 2009년 이후 2015년 2분기까지 계속 늘던 자본비용이 줄기 시작했고 새로운 기업의 창업도 크게 늘고 있습니다. 2016년 첫 4개월 동안 등록한 기업 수가 2015년 대비 27퍼센트 늘었습니다. 특허 또한 늘고 있습니다. 이는 혁신이 진행되고 있다는 의미입니다. 또 소프트웨어 개발에서도 2016년 첫 4개월 동안 24퍼센트가 증가했습니다. 2015년 대비 인터넷 서비스는 34퍼센트, 영화관은 27퍼센트 늘었습니다. 물론 어려움이 있는 것은 사실입니다. 그러나 저는 중국 경제의 전환기가 이미 시작되었다고 생각합니다.

✖ 리처드 지금의 중국을 하나의 단일 경제체제로만 볼 수는 없습니다. 중국 안에도 여러 경제 구조가 있으며 발전의 속도도 전부 다르기 때문에 그것을 몇 가지의 수치로 낙관하기에는 이릅니다. 그렇다면 가장 큰 문제는 무엇일까요? 중국 경제는 정부가 국가 경제에 대해 매우 강력한 통제력을 행사하는 체제이며, 여기에는 여러 이점도 있었습니다. 하지만 과거 중국 경제를 견인한 수출 주도, 투자중심 모델은 지금 벽에 부딪혔습니다. 이제 글로벌 경제는 더는 매년 중국의 제품을 살 여력이 없습니다. 중국의 소득을 한번 볼까요? 평균 1인당 쓸 수 있는 가처분 소득은 8달러 13센트입니다. 1인당 가처분 소득입니다. 8달러 13센트를 벌면서 50만 달러에 달하는 콘도를 살 돈이 있겠습니까? 하지만

중국은 시멘트와 철강을 생산하면서, 이렇게 고가의 콘도를 짓고 있으며 바로 이것이 과잉생산을 유발하고 있습니다. 문제는 이것을 흡수할 수 있는 능력이 없다는 점입니다. 중국의 임금이 올라간다고는 하지만 그 상승세가 계속 된다면 많은 제조 공장이 인건비가 더 싼 베트남이나 인도네시아, 인도, 방글라데시로 옮겨가게 될 것입니다. 이렇게 되면 단순히 중국만의 문제가 아니게 됩니다.

● **바이충언** 소득 수준에서 보면 중국은 가난한 나라입니다. 환율에 따라 약간 차이는 나겠지만 1인당 GDP는 미국과 비교하면 5분의 1도 안됩니다. 그럼에도 소득 성장률은 꾸준히 올라가고 있으며, 국민 소득에서 가계 소득이 차지하는 비중이 계속 늘고 있다는 점이 고무적입니다. 지난 20년 동안 중국이 안고 있었던 큰 문제는 노동 소득 분배율labor income share이 낮고, 국민 소득에서 가계 소득이 차지하는 비중도 낮다는 점이었습니다. 하지만 이 양상이 2011년부터 달라지고 있습니다. 현재 가계 소비는 꽤 탄탄해졌습니다. 미국의 경우 가계 부채가 큰 문제이지만 중국의 가계 부채는 GDP의 10퍼센트도 되지 않습니다. 상당히 적습니다. 또한 중국 가계는 부채가 없기 때문에 소비도 건전하고 쉽게 무너지지 않습니다. 바로 이 점이 중국 경제의 회생을 낙관할 수 있는 한 요인입니다. 또 하나 주목해야 할 것은 중국 서

비스산업의 발전입니다. 그러니까, 중국의 국내 수요로 인해 서비스산업이 발전한 것입니다. 중국의 젊은 세대는 기성세대와는 확연히 다릅니다. 90년대 이후 태어난 신세대는 저축률이 낮고 소비를 즐깁니다. 중국의 국내 소비를 이들 신세대가 주도하고 있는 만큼 서비스산업 발전을 더 기대할 수 있습니다.

✖ 리처드 숫자로 이야기를 좀 더 이어가고 싶습니다. 문제는, 중국 경제가 상당히 불균형하다는 것입니다. GDP에서 투자가 차지하는 비율이 매우 높습니다. 거의 45~50퍼센트를 왔다 갔다 하고 있습니다. 반면 소비가 차지하는 비율은 35퍼센트 수준에 불과합니다. 역사적으로도 전례가 없는 일입니다. 아마도 노예 노동으로 피라미드를 짓던 이집트 파라오 시대 이후 이런 경제구조는 처음일 것입니다. 그렇다고 과잉생산을 해결하고자 철강 근로자나 석탄 광산의 광부들을 해고하기 시작하면 소비는 뚝 떨어지게 될 것입니다. 그간 상당한 투자를 하는 가운데 소비가 따라왔는데, 이제 투자를 줄이게 되면 소비도 줄 수밖에 없습니다.

진행자 중국이 그간 너무 많은 부양책을 썼다는 말씀이군요. 시진핑 주석 역시 공급의 차원에서 개혁을 해야 한다고 이야기했습니다. 하지만 과연 중앙정부가 이것을 관리할 수 있는가가 문제입니다. 리처드는 어떻게 생각하세요?

✖ **리처드** 2016년 1분기 중국의 총 융자액을 보면 석 달만에 3조 달러가 늘어났습니다. 이건 중국 경제에 설탕을 들이 붓는 거나 마찬가지입니다. 2015년 한 해 동안 미국 내 총 융자액이 2조 달러인 것과 비교해 보십시오. 미국 경제가 무려 60퍼센트 더 큼에도 불구하고 말입니다. 그런데 이 상황에서 중국의 총 부채율은 GDP의 300퍼센트에 육박하고 있습니다. 지나친 과잉생산 때문에 회사들이 손실을 보고 있고 은행대출을 갚지 못하고 있으며, 은행이 돈을 더 대출해줘야 겨우 2015년에 빌린 돈에 대한 이자를 갚을 수 있게 되었습니다. 부실 채권이 너무 많이 생겼다는 이야기입니다. 이런 식으로 경제를 부양하는 데는 한계가 있습니다. 몇 분기 더 연장할 수는 있겠지만 거품이 커진 만큼 부작용에 따른 파괴력도 커지게 됩니다. 중국의 지도자들도 이 문제를 잘 알고 있겠지요?

● **바이충언** 물론 잘 알고 있습니다. 아시다시피, 과잉생산은 쉬운 문제가 아닙니다. 어떤 공장이 문을 닫으면 사람들이 일자리를 잃습니다. 특히 이런 공장은 특정 지역에 모여 있는 경우가 많습니다. 그런데 문을 닫게 되면 그 지역 전체, 심지어는 한 도시의 경제 자체가 주저앉게 됩니다. 과잉생산을 줄이려면 대략 500만 명의 실업자를 발생시켜야 합니다. 사실 500만 명은 중국 전체 노동인구로 보면 적은 숫자입니다. 이 정도의 실업률은 우리

가 감당할 수도 있을 겁니다. 그런데 지금 중국의 노동인구가 매년 300만씩 줄고 있다는 상황을 고려해야 합니다. 이렇게 보면 500만이라는 숫자는 작지 않습니다. 이렇게 실직한 사람들을 재취업시킬 수도 있지만 그러려면 아주 광범위한 재훈련 프로그램이 있어야 합니다. 그렇다고 광산업 출신 근로자를 갑자기 교육시켜 인터넷산업에 투입할 수도 없습니다.

진행자 이쯤에서 제2차 투표를 실시하겠습니다. 중국 경제의 미래에 대해서 어떻게 생각하십니까?

〈2차 투표결과〉

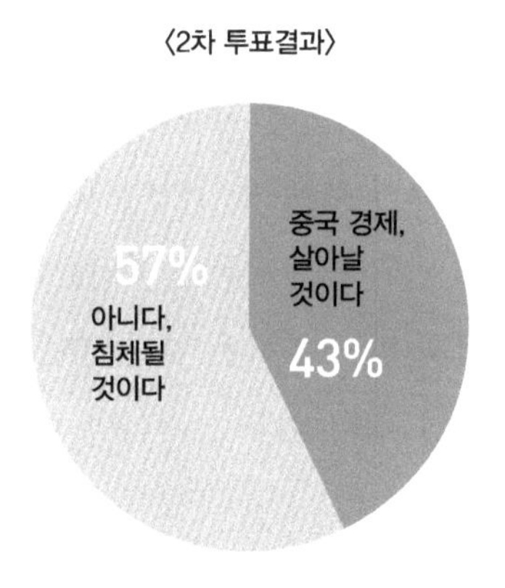

	1차 투표	2차 투표	3차 투표
중국 경제, 살아날 것이다	58%	43%	?
아니다, 침체될 것이다	42%	57%	?

진행자 그렇다면 많은 해고 노동자를 어떻게 재훈련시켜 다시 일자리로 돌려보낼 수 있을까요? 이 문제를 해결할 수 있는 혁신 능력은 어떻게 키울 수 있을까요? 어떤 혁신이 필요할까요? 리처드, 먼저 말씀 부탁드립니다.

✖ 리처드 투자와 공격적인 제조업 확장을 통해서 성장한 경제 구조에서 어떻게 하면 서비스산업을 일으킬 수 있을까요? 미국 경제만 보더라도 지난 25년 전부터 제조업 일자리가 많이 없어졌습니다. 다른 개도국들과 중국 쪽으로 제조업 일자리가 이동하면서 구조조정 바람이 불었고 결국 미국의 노동자들은 다른 길을 찾을 수밖에 없었습니다. 자동차 공장에서 일했던 사람이 이제는 바텐더가 되고 웨이터가 되었습니다. 예전보다 돈을 덜 벌기 때문에 소비도 많이 하지 못합니다. 더불어 정치적으로도 불만이 많습니다. 어떻게 보면 미국은 해답을 못 찾았다고 봐야 합니다. 그래서 미국의 평균 소득은 지난 30년간 정체되어 있고 정치적인 반작용 또한 심합니다. 그렇다면 중국은 혁신을 통해서 해답을 찾을 수 있을까요?

● 바이충언 저희 또한 쉽지 않습니다. 중국도 매년 10퍼센트로 성장하지는 않을 것입니다. 중국의 소득이 주춤하게 되는 것도 어쩔 수 없습니다. 경제가 발전하게 되면 이러한 현상은 자연스

럽게 나타나는 것입니다. 하지만 저는 위기로 이어질 거란 생각은 하지 않습니다. 저희는 물류 분야에서 많은 일자리를 만들고 있습니다. 물류 쪽은 배달과 배송이 주업무이기 때문에 기술이 많이 필요하지 않습니다. 특히 전자상거래 분야가 활성화됨에 따라 유통과 물류 쪽의 일자리는 더욱 늘어날 것으로 보입니다. 과거 철강 공장이 있었던 지역을 물류 센터로 만들면 됩니다. 또 이런 곳으로 물류 센터를 옮기는 회사에 인센티브를 줄 수도 있습니다. 이런 식으로 솔루션을 찾아가는 겁니다. 현재 창업자가 많이 늘어나는 만큼 고용은 크게 걱정하지 않습니다. 서비스의 수요 역시 매우 많다고 생각합니다. 저는 중국 경제를 낙관적으로 바라보고 있습니다.

진행자 한 여성분이 쪽지로 질문을 하셨습니다. 읽어드리겠습니다. "중국의 일대일로 프로젝트의 전망에 대해서 이야기를 해주십시오. 그리고 이 프로젝트가 끝나면 경제적으로 어떤 파급 효과가 있을까요?"

● **바이충언** 일대일로一帶一路, One belt, One road는 중국을 아시아, 유럽, 아프리카 국가와 육로로 이으려는 중국 정부의 인프라 프로젝트입니다. 경제적으로 매우 긍정적인 영향이 있는 프로젝트라고 생각합니다. 특히 다른 나라들은 인프라에 대한 투자가 부

족하기 때문에 중국의 인프라 투자가 도움이 되리라고 생각합니다. 물론 이러한 투자에도 위험은 있습니다. 모든 나라가 좋은 투자 환경인 것은 아니니까요. 심지어 투자자를 보호해줄 시스템이 없는 나라도 있습니다. 이런 문제만 해결이 된다면 투자자의 권익을 우리가 보호해 줄 수 있고 중국에 투자하고 싶은 나라도 큰 혜택을 볼 수 있다고 봅니다. 리처드는 어떻게 생각하세요?

✖ 리처드 매우 과감하면서도 중국에 맞는 전략인 것 같습니다. 제대로만 된다면 중앙아시아 국가에게도 많은 도움이 되리라 생각됩니다. 특히 이것이 중국의 시멘트 과잉생산의 문제를 해결할 수도 있을 듯합니다. 그러나 수익성에 대해서는 잘 모르겠습니다. 이것이 오히려 부실채권을 더 늘리지는 않을까 하는 우려도 생깁니다.

진행자 또 다른 질문이 있습니다. 읽어드리겠습니다. "중국 같은 권위적인 정치체제를 갖고 있는 거대 국가가 진정한 선진국으로 갈 수 있을까 의문이 듭니다. 중국은 경제 규모 자체가 엄청난데 이러한 나라가 제대로 된 첨단 경제로 갈 수 있을까요? 특히 정치체제의 경우 싱가포르와 매우 유사하지만, 과연 권의주의만으로 선진국으로 갈 수 있을까요?"

● **바이충언** 아주 중요하면서도 매우 포괄적인 질문이라고 생각합니다. 현재 중국은 국가 운영체제를 개선하기 위해 노력하고 있습니다. 이 지점에서도 중국은 '전환기'라고 생각합니다. 현재 중국에는 경제기관들이 투자자 권리를 보호하는 제도, 혹은 절차의 간소화에 대한 제도가 없습니다. 이러한 기본적인 제도도 없는 상황을 보고 아마도 많은 사람들이 '정치적인 변화 없이 어떻게 발전할 수 있는가'라고 생각하지 않았나 싶습니다. 하지만 현재 다각도로 많은 시도가 있는 만큼 좋은 결과가 있을 것입니다.

진행자 리처드, 다당제가 아닌 단일당이 지배하고 있는 중국이 과연 체제를 효과적으로 관리할 수 있을까요?

✖ **리처드** 일단 중국 인구는 14억입니다. 20세기에 많은 문제도 있었습니다. 일본군의 점령도 있었고, 군벌들이 난립했고 또 제국주의 침략에 시달리기도 했습니다. 또 공산주의 정권이 들어선 뒤에 대약진 운동과 문화혁명도 있었지요. 하지만 그 이후에 중국은 경제 개혁을 잘 이뤄왔습니다. 지금 이 시점의 정치경제 발전 단계에서는 다당제보다는 오히려 일당제가 더 효율적일지도 모른다는 생각이 듭니다.

진행자 네, 이제 마무리를 하겠습니다. 각자 정리 멘트를 짧게 해

바이충언 : 중국 인민은행 통화정책위원이자 칭화대학 경제관리학원의 부원장이다. 중국 최고 경제학자 모임인 '중국경제 50 포럼' 멤버이자 중국 통화가치를 결정하는 인민은행 통화정책위원회의 자문위원이다. 중국인민정치협상회의, 중국 금융 40 포럼, 국제경제학회 집행위원회, 차이나인포100, 중국 5개년 국가발전계획 전문위원회의 일원으로도 활동하고 있다.

리처드 덩컨 : 미국 출신의 투자 전략가이자 이코노미스트이다. 세계은행과 IMF에서 일한 경력을 갖춘 손꼽히는 경제 위기 예언가다. 1990년대 초 태국 화폐가치 폭락에 이은 아시아 금융 위기를 예언했고, 2003년 펴낸 《달러의 위기》에서 2008년 글로벌 금융 위기를 촉발시킨 거품경제 붕괴를 놀라울 정도로 정확하게 예측해 세간을 놀라게 했다.

주시길 바랍니다.

● 바이충언 중국은 이제 예전의 성장모델을 따를 수가 없습니다. 중국도 그것을 분명히 인식하고 있습니다. 지속가능한 성장을 하려고 노력하고 있습니다. 물론 전환기에는 적지 않은 고통이 뒤따를 것입니다. 저희 정치 지도자들은 의지가 있고 정치적인 파워가 있습니다. 이 어려운 결정을 내리고 이행할 수 있는 권한과 힘이 있습니다.

투자 수치에 대해서 이야기 하자면, 중국 역시 많은 투자를 하고 있습니다. 그런데 이 투자가 대부분 부동산 쪽에 몰려 있습니다. 일반적으로 아파트를 사는 것은 소비이면서 투자입니다. 하지만 통계 수치에서는 이것을 투자 쪽으로 분류를 해 놓습니다. 고려해야 할 것은 바로 이것입니다. 우리 투자의 상당 부분은 주택에 들어가는 것이고 빌딩 인프라에 들어갑니다. 사실 어떤 인프라 투자는 낭비되는 경우도 있지만, 또 어떤 경우는 생산성이 매우 높습니다. 물론 투자에 실수를 한 적도 있지만, 아주 훌륭한 투자도 많이 해왔습니다. 그래서 이런 정책을 제대로 설계하고 중국의 정치 지도자들이 의지와 힘을 가지고 잘 관리한다면 중국의 또 다른 경제 상승을 불러올 수 있다고 생각합니다.

✖ 리처드 1986년 제가 홍콩에 있었을 때 그 당시 일본 경제는 엄

청났습니다. 매년 10퍼센트씩 성장하고 있었고 일본이야말로 우주를 정복할 것이라 생각했습니다. 일본 기업들은 홍콩의 모든 빌딩을 사들여서 일본식 이름을 갖다 붙였습니다. 하지만 결국 그것은 거품에 불과했습니다. 그리고 터져버렸습니다. 지금의 일본 경제는 사실상 1993년 수준이라고 보면 됩니다.

당시 사람들은 일본이 L자 형태로 정체될 것이라고 전망했고 지난 26년간 회복되지 않았습니다. 마찬가지로 지금 사람들은 중국이 L자 형태로 정체될 것이라고 보고 있습니다. 중국도 일본의 전철을 밟을 가능성이 높습니다. 지금 중국 경제는 모멘텀을 잃고 팽이처럼 돌고 있습니다. 그러다가 파국을 향해 치달을 수도 있다고 봅니다. 수출과 수입이 함께 줄고, 자금이 이탈하고 환율이 요동치고 있습니다. 물론 중국 경제가 당장 2017년에 몰락하지는 않을 것입니다. 하지만 향후 10년, 20년을 봤을 때 과연 진정한 성장을 할 수 있을까요?

진행자 자, 이제 마지막 투표를 할 시간이 되었습니다. 여러분이 선택해 주시기 바랍니다.

〈3차 투표결과〉

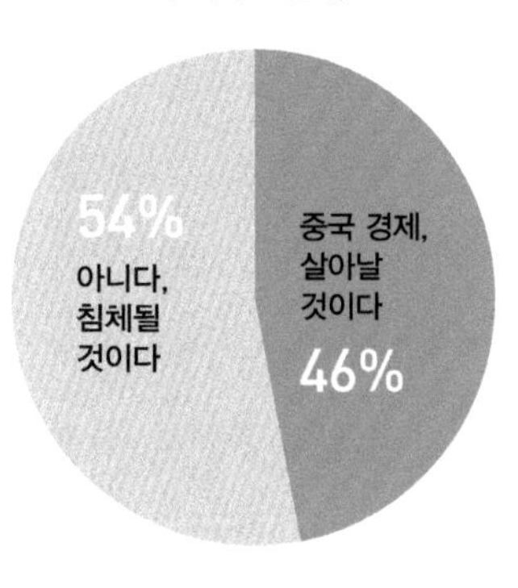

	1차 투표	2차 투표	3차 투표
중국 경제, 살아날 것이다	58%	43%	46%
아니다, 침체될 것이다	42%	57%	54%

3부

수명 IT 리더십

획기적인
전환의 패러다임

LEADERS

7장

똑똑한 헬스케어의 시대가 온다

그레고리 스톡

마운트 시나이 의대 프리시전 웰니스 해리스 센터 공동소장,
《인간을 개량한다》 저자

앞으로 우리가 관심을 기울여 진행할 여행은 태양계 밖으로가 아니라 생명체 내부를 향해 떠나는 것이 될 수도 있습니다. 결국 우리는 기술에 많은 영향을 받게 될 것이며, 이미 이러한 도구를 활용하면서 환경을 재구성하고 있습니다.

바이오테크 혁명이 눈에 보이십니까

저는 뉴욕에 있는 한 의과대학의 차세대 헬스케어를 담당하는 연구소에서 근무하고 있습니다. 제 전문 분야에 맞게 먼저, 차세대 헬스케어에 대한 큰 그림을 설명하는 것으로 시작하겠습니다. 지금 전 세계에서 어떤 일이 벌어지고 있고 이것이 왜 중요하고 특별할 뿐만 아니라 놀라운 일인지를 전해드리고자 합니다.

주변을 돌아보세요. 우리 곁에는 놀라운 가능성들이 열려 있습니다. 지나온 역사에 비춰 인류의 삶을 돌이켜볼 때, 우리가 지금 여기, 현대를 살아가고 있는 것은 놀라운 특권입니다. 나이 든 분이라면 지금 우리 주변에 일어나고 우리가 누리는 일들이 얼마나 놀라운 것인지 더 잘 아실 겁니다. 물론 우리 앞의 미래에는 많은 과제가 가로 놓여 있고, 무슨 일이 일어날지 불투명하기도 합니다.

현재 두 가지 측면에서 근본적인 변화가 일어나고 있습니다. 첫

그레고리 스톡 Gregory Stock 바이오테크 사업가이자 미국 UCLA 의대 생명공학 교수다. 시그넘 바이오사이언스Signum Biosciences를 공동 창립했으며 6년간 시그넘의 CEO로 알츠하이머병 및 파킨슨씨병 치료제 개발 노력을 주도했다. 최근에는 바이오 유전공학기술 및 기타 첨단기술이 인간의 삶에 미치는 영향에 대한 연구로 반향을 일으키고 있다.

번째는 '생명'에 대한 것입니다. 35억 년의 지구 역사에서도 매우 중요한 사안입니다. 이는 곧 '실리콘 혁명'으로 지칭할 수 있습니다. 지구상 생명체의 기본이 되는 원소인 탄소 대신, 유사한 화학 결합을 일으키는 실리콘을 생명체 속으로 편입시키려는 시도입니다. 본질적으로 새로운 생명 형태에 숨결을 불어넣는 것이라고 할 수 있습니다. 이러한 시도를 통해 실리콘 생명체를 만들어낸다면, 모든 것이 바뀌게 될 것입니다.

앞으로 우리가 살아가게 될 세상은 좀 더 지적으로 고도화된 세계일 것입니다. 이 미래 세계의 두 번째 혁명이 바로 '바이오테크 혁명'입니다. 우리가 생명 현상을 좀 더 깊이, 더 친밀하게 이해하게 되고, 그것을 바꾸고, 변용하고, 개조하고, 그 미래를 통제할 수 있게 되는 것을 의미합니다. 과거에는 상상할 수 없었던 세상이 열리게 될 것입니다. 먼 미래의 누군가는 우리가 살았던 이 시기를 돌아보며 생명 역사의 결정적 전환기라고 부르게 될 것입니다.

'과연 이뤄질까'보다 '얼마나 빨리 이뤄질까'가 중요하다

지금 일어나고 있는 정말 큰 변화는 바로 우리가 주변 동식물을 변형시키고 또 활용하고 있다는 것입니다. 가까운 미래에 인간보다 뛰어난 슈퍼 지능이 기계 속에 내장될 것입니다. 기계가 의식을 갖게 될 것이고 여러 기기를 통해서 인간과 기계가 결합될 것입니다. 한마디로 우리가 어디에 있든, 서로에게 연결됩니다. 또 사물인터넷이 일상화되면 많은 사람이 직업을 잃게 됩니다. 기계가 인간을 대신한다면 사람들은 절대 빈곤에서 벗어나고 더 큰 풍요를 누릴 테지만 그 혜택을 적절하게 분배하는 문제는 어떻게 될까요? 안타깝게도 이를 해결할 매커니즘은 현재 없습니다.

특히 많은 부문의 경계가 모호해지고 있습니다. 선천적인 것과 후천적인 것, 자연스러운 것과 인공적인 것, 바이올로지와 테크놀로지의 경계가 그렇습니다. '퓨전'이라는 이종교합 현상이 생기면서 마치 테크놀로지가 바이올로지처럼 느껴지곤 합니다. 옷이나 안경이 또 하나의 디바이스가 되어 몸의 일부가 되고 있습니다. 과연 어느 방향으로 발전할지 짐작하기에는 너무 이릅니다. 실제의 현실은 우리의 상상과는 전혀 다른 방향으로 갈 수도 있습니다.

중요한 것은 '이러한 현실이 과연 이뤄질까'가 아니라 '얼마나 빨리 이뤄질까' 입니다. 앞으로 우리가 관심을 기울여 진행할 여행은 태양계 밖으로가 아니라 생명체 내부를 향해 떠나는 것이 될 수도 있습니다. 결국 우리는 기술에 많은 영향을 받게 될 것이며, 이미 이러한 도구를 활용하면서 환경을 재구성하고 있습니다.

또 하나 주목할 것은 우리 스스로 평균 수명을 연장할 수 있다는 사실입니다. 다양한 칵테일 요법으로 의식조차도 바꿀 수 있게 됩니다. 유전자 선별에 따라서 임신과 출산도 큰 영향을 받게 됩니다. 교배를 어떻게 하느냐에 따라 늑대 종도 바꿀 수 있습니다. 이제 유전자 자체를 편집할 수 있는 도구도 개발되었습니다. 만약 이러한 도구가 보편적으로 사용된다면 지금껏 우리가 이해해왔던 자연과 인간에 대한 인식 전체가 바뀝니다. 그렇게 되면 경제를 비롯해 국가 기능도 달라질 수 있습니다. 어찌됐든 변화는 위험과 파괴를 동반할 수박에 없습니다. 기술과 과학은 물론이고 광범위한 여러 업종에서 이런 일이 나타날 것입니다. 교육과 군대도 파괴적인 영향을 받습니다.

기억할 것은 지금껏 적용되었던 규칙이 더 이상 유효하지 않다는 사실입니다. 유통, 인터넷 판매, 운송, 자동차 분야는 물론이고 우리가 '땅'을 사용하는 방식 또한 달라질 수 있습니다. 이렇게 되면 기존 업체들은 새로운 틈새 시장을 찾아 나설 것이고 그마저도 못하는 기업은 껍데기만 남은 채 몰락하게 될 수도 있습니다.

나만을 위한 의료서비스

그렇다면 대파괴의 파도가 헬스케어 부문에 어떤 영향을 끼칠까요? 빅데이터, 머신러닝, 새로운 진단 도구 등이 헬스케어 부문과 어떻게 결합해 어떤 결과를 낳을까요?

"새로운 의료서비스는 환자의 개인적인 특성을
파악해 맞춤 치료를 제공할 것입니다."

헬스케어는 향후 글로벌 경제의 20퍼센트를 차지할 것입니다. 지리적 경계가 허물어지면서 한국과 같은 준비된 몇몇 나라가 큰 수혜를 볼 수도 있습니다. 헬스케어 부문에 접근 자체가 용이해지고, 마음과 몸의 균형 속에 더 건강하게 잘 사는 것, 즉 '웰니스wellness'에 집중하게 됩니다. 이것은 단지 생명을 몇 년 더 연장하는 것에 그치지 않습니다. 건강한 삶의 활력을 위해 질병을 근본적으로 예방하는 일에 초점이 맞춰집니다. 이제 새로운 의료서비스는 환자의 개인적인 특성을 파악해 맞춤 치료를 제공함으로써 사람들의 신뢰를 높여갈 것입니다. 또한 이러한 과정은 빅데이터화 과정을 통해 더욱 정밀한 정보로 재가공되어 개인에게 제공됩니다.

사실 지금 판매되고 있는 약으로 실질적인 효과를 보는 사람은 그리 많지 않습니다. 그만큼 지금의 제약산업이 개개인의 몸에 맞출 수 있을 정도로 정밀하지 않기 때문입니다. 오늘날 웨어러블 디바이스와 같은 첨단 기기들이 '일어나세요', '운동하세요' 등의 메시지를 보내긴 합니다만 앞으로는 이 수준을 넘어 '지금 심장마비의 위험이 있습니다. 지금 당장 응급실에 가야 합니다'와 같은 메시지를 보내는 시대가 올 것입니다. 인간이 감각으로 느낄 수 없는 것까지 체크할 수 있기 때문입니다. 또한 '지금 우울증 증세가 오고 있으니 심호흡을 해야 합니다', 혹은 '지금과 같은 대화를 계속 하면 우울한 상태가 되어 위험합니다'와 같은 메시지도 줄 수 있습니다.

이런 세상이 가능하려면 무엇이 필요할까요? 우선, 한계비용을 낮추어야 합니다. 이런 혜택을 모두가 누리려면 초기 비용과 투자 규모가 크더라도 이용자 대비 한계비용을 확 줄여야 합니다. 여기에는 다양한 커뮤니케이션 포털이 필요합니다. 이미 많은 커뮤니케이션 기기가 이용되고 있지만 앞으로는 더 다양한 방식의 기기가 출현하고 또 활용될 것입니다. 이때 중요한 것이 바로 데이터 통합입니다. 많은 데이터가 한 곳에 집약되어 있어서 데이터 간 다양한 관계가 파악되어야 합니다. 물론 이는 현재에도 일어나고 있으며 굉장히 빠른 속도로 발전하고 있습니다. 이때의 데이터는 단순히 전체 인구에 대한 데이터가 아니라 개별 환자에 대한 데이터까지도 포함합니다. 또한 신체의 물리적 데이터를 포함해 정신 건강, 정서적 상태에 대한 데이터도 요구됩니다. 특히 이러한 데이터가 수집되는 과정에서 개인의 심박수, 인지 기능, 수면 패턴 등의 데이터 흐름이 집적되어 진단되며 몇 년 후에는 지금보다 훨씬 빨리, 많은 양의 정보가 수집되어 실시간으로 그 의미를 알려 줄 것입니다.

수면 분석 사례만 살펴봐도 이러한 흐름을 읽을 수 있습니다. 불과 10년 전만 해도 수면 상태를 분석하려면 환자의 머리와 다른 기타 신체 부위에 전선을 연결해야만 했습니다. 온몸에 전선을 붙이고는 환자는 제대로 잠을 잘 수가 없습니다. 하지만 기술이 발전하면서 지금은 반지 하나 정도만 착용하고도 수면 상태를 분석할 수 있습니다. 과거에는 인지력이나 주의력을 검사할 때도 의사가 질문하고 답하는 형식을 통해 수동적으로 진행이 되었습니다. 하지만 이제는 어떻습니까? 스마트폰을 통해서 손쉽게 체크할 수 있습니다. 사용자 특유의 실수 패턴이나 목소리 변화를 감지해서 정서 상태, 인지 상태를 파악하고 피드백을 해줍니다.

'덱스컴 모니터dexcom monitor'라는 기기가 있습니다. 혈당 수치를 5분에 한 번씩 측정하는 웨어러블 기기입니다. 실제 제가 사용하고 있습니다. 저는 비교적 건강한 식사습관을 유지하고 있고 특정 질병에 대한 가족력도 없습니다. 하지만 당뇨병 진단을 받았습니다. 혈당 수치를 5분 간격으로 실시간 체크하다 보니 어떤 음식을 먹었을 때 혈당이 오르고 내리는지 눈으로 확인할 수 있었습니다. 식습관을 바꿔야 한다는 사실을 깨달았고 지금은 저탄수화물 식습관을 유지하고 있습니다. 치즈, 견과류, 다크 초콜릿 등을 먹으면 혈당이 일정한 수준으로 유지된다는 것도 알게 되었습니다.

이렇듯 평상시 섭취하는 음식을 통해 혈당이 어떻게 달라지는지 실시간 확인할 수 있는 것은 건강관리에 매우 도움이 됩니다. 또한 좋아하는 특정 음식을 무조건 안 먹는 것이 아니라 적당히 조절하는 방법도 찾을 수 있습니다.

공상이 아니라 현실

언제 이러한 변화가 보다 광범위하게 일어날까요? 아마도 20년 내에는 이런 기술을 거의 모든 사람이 이용할 것으로 보입니다. 이것은 그냥 공상이 아니라 이미 현실에 와 있는 '지금의 현상'입니다.

고대 그리스의 역사가였던 투키디데스는 이렇게 말했습니다.

"용맹한 사람은 자기 앞에 놓여 있는 것에 대해 명확한 비전을 갖고 있는 자이다. 그 비전에는 영광과 위험이 함께 따를 테지만, 그럼에도 불구하고 용맹한 자는 그것에 당당히 맞선다."

바이오테크 혁명이 지금 일어나고 있습니다. 그리고 그것에 용감하게 뛰어들 때 우리는 진정한 비전을 갖게 될 것입니다.

질문과 답변

Q 한국은 어떤 조건을 충족해야 바이오테크와 헬스케어 분야에서 새로운 기회를 만들 수 있을까요? 특정 규제에 대해 말씀해주셔도 되고 국가가 갖추어야 할 능력, 또는 인프라 요소에 대해 말씀해주셔도 됩니다.

그레고리 스톡 기업이 헬스케어 시장으로 진입할 때 가장 중요한 것은 소비자들이 의료서비스를 '친구'로 받아들이게 해야 한다는 것입니다. 이용자들이 내 건강에 대해서 이야기하고 고민을 나누고 방법을 조언해주는 친구처럼 대하도록 해야 합니다. 그렇게 될 때 의료기업은 '서비스기업'이 될 수 있습니다. 이런 기업은 웹 기반의 기업에 비유할 수 있습니다. 마치 특정 검색엔진을 활용해 검색하는 게 일상화됐듯이, 의료기업도 특정한 플랫폼을 활용해 친구처럼 다가갈 수 있습니다. 이렇게 하면 회사는 데이터를 수집하는 단계에서 쌓이는 데이터를 이용해 보다 정확한 의사결정을 할 수 있습니다.

미래의 병원은 물리적인 건물만을 의미하지 않고 환자 정보를 수집하고 보관하는 장소로서의 역할도 할 것입니다. 환자는 자신에 대한 정보를 집에서도 모니터링할 수 있고 의사는 환자와 직접 소통을 하면서 부가적인 의료서비스를 다양하게 제공할 수 있습니다.

Q 저는 의사였다가 국회의원이 되었습니다. 강연을 듣다 보니 두 가지 고민이 생겼습니다. 첫 번째는 의학계가 바이오테크 혁명을 거부하지 않을까 하는 우려입니다. 이미 현실로 다가오고 있지만, 그 변화에 저항하고 완고한 태도를 바꾸지 않을 수 있습니다. 두 번째는 정부의 규제입니다. 한국에서는 특정 법안이 통과되기까지 심지어 이데올로기적인 논쟁이 벌어지기도 합니다. 그러다 보니 법안을 통과시키기가 매우 어렵습니다. 신기술의 혜택을 받기 위해 한국은 무엇을 할 수 있을까요?

그레고리 스톡 의료계의 저항은 비단 한국의 상황만은 아닙니다. 글로벌한 현상입니다. 그것은 먼 미래에 의사들의 역할이 줄기 때문이기도 합니다. 현재 바이오테크 혁명에 관해서는 한 개인이 소화할 수 없을 정도로 수많은 연구와 논문이 발표되고 있습니다. 한결 같은 결론 중의 하나는, 현재 의사들이 맡고 있는 의료 진단의 경우 기계가 많은 일을 대체할 것이라는 점입니다.

이 말은 곧 전통적인 의사의 역할이 상당 부분 축소된다는 의미입니다. 따라서 의사들이 저항하는 것은 어찌보면 당연한 일입니다.

두 번째 규제의 문제에 대한 제 의견을 드립니다. 사실 규제당국은 언제나 혁신을 중요하게 생각하기보다는 가급적 보수적이고 안전하게 가려고 합니다. 만약 규제를 바꿔서 사람이 죽는 사고가 일어났다고 해봅시다. 당국에서는 난처할 수밖에 없습니다. 정부가 경제 분야에 강력한 의지와 적극적인 지원을 표명하는 것처럼 의학 분야에서도 정부가 이러한 적극성을 보일 수 있도록 '정부의 노력과 정책이 의료 혁신에 큰 도움이 된다'는 믿음을 주고 제대로 소통한다면 도움이 되리라 생각합니다.

만약 한국이 하지 않으면 다른 국가들이 먼저 나설 것입니다. 변화는 어쩔 수 없이 도래하게 마련입니다. 따라서 주도권을 잡으려면 보다 강한 설득의 태도를 가질 필요가 있습니다. 이 과정에서 포지션의 설정은 매우 중요합니다. 패러다임의 전환을 받아들이고 새로운 솔루션을 제공해야 합니다. 예를 들어 '새롭게 생겨나는 환자들의 수요를 외면하고 전통적인 방식으로 대처하기를 고집하기보다는 ICT나 어플리케이션을 통해 이를 수용하는 방법으로 가야 한다'는 메시지를 전달해야 합니다.

8장

SF 세계는 과연 현실이 될까

머레이 섀너핸

임페리얼 칼리지 런던 인지로봇공학 교수

데이비드 로즈

디토랩스 CEO,
《마법에 걸린 사물》 저자

미래에는 마치 SF 영화 속 세계에서처럼 모든 SNS의 사진에 대한 클릭이 가능하게 되고 이를 통해 쇼핑을 할 수 있게 됩니다. SNS와 사물인터넷, 빅데이터와 머신러닝의 결합을 통해 상상하지 못했던 전혀 새로운 비즈니스 기회와 소비시장이 열리는 것입니다.

알파고가 할 수 없는 것

알파고와 이세돌의 대결은 매우 흥미롭고 충격적이었습니다. 이 과정을 지켜보던 많은 사람들은 알파고가 어떤 원리로 움직이는지, 그리고 그것에 어떤 기술이 집약되어 있는지 궁금해 했습니다.

알파고를 알기 위해서는 그 전에 일어난 'AI 초기의 사건'을 되짚어 볼 필요가 있습니다. 체스 챔피언 게리 카스파로프Garry Kasparov와 IBM의 딥블루 컴퓨터가 체스 대결을 한 적이 있습니다. 딥블루의 승리로 끝난 게임입니다. 이는 AI 연구에 있어서 꽤나 큰 사건이었습니다. 하지만 지금 되돌아보면 딥블루가 활용했던 기술은 사실상 체스 경기장 밖에서는 적용할 곳이 없었던 것이 사실입니다. 그 이후 AI는 상당한 발전을 거듭했고 이제 AI 기술이 다른 분야로까지 적용될 수 있는 가능성까지 갖게 되었습니다.

머레이 섀너핸 Murray Shanahan 영국 임페리얼칼리지 런던 컴퓨터공학부의 인지로봇공학 교수이며, 신경역학 연구단을 이끌고 있다. 그의 연구 분야는 인공지능과 로봇공학으로부터 논리학, 동적 시스템 전산학, 전산 신경과학, 마음의 철학에 이르기까지 다양하다. 최근에는 인간형 인공지능 로봇과 튜링 테스트의 문제를 철학적으로 다룬 SF 영화 〈엑스 마키나〉의 과학 자문을 맡았다.

창의적인 컴퓨터의 시대

사실 알파고와 이세돌의 대결 전까지만 해도 '컴퓨터가 최고 수준의 바둑선수와 대결해서 이기려면 10년은 걸릴 것이다'는 예상이 지배적이었습니다. 하지만 결과는 전혀 뜻밖이었으며 이 과정에서 매우 흥미로운 점들이 발견되었습니다. 그것은 딥블루와 알파고의 차이점과 더불어 체스와 바둑이 그려나가는 판의 양상이 매우 다르다는 점이었습니다.

체스는 기본적인 컴퓨팅의 원리만으로 충분히 진행될 수 있는 게임입니다. 체스는 우선 '나의 위치'에 따라 다음에 진행이 가능한 수手를 예측하거나, 특정 위치로 갔을 때 어떤 상황이 생길지를 예측해야 합니다. 이렇게 예측과 응수가 무한히 뻗어나가는 것이 바로 체스 게임의 기본 원리입니다. 물론 체스 역시 엄청나게 많은 수의 가지들이 있겠지만 바둑은 체스와는 비교도 할 수 없을 정도로 더 많은 수가 존재합니다. 1997년에 체스 게임에서 컴퓨터가 이기기는 했지만, 사실 그 정도의 능력만으로는 바둑에서 인간을 이기기란 무척 어려운 일이었습니다. 바둑은 더 높은 수준의 직관을 요구하는 두뇌 플레이이기 때문입니다. 인간은 어떤 수를 둘 것인지에 대해 직감을 활용하기 때문에 '미적인 경기'라고 말할 수 있을 정도입니다. 그런데 이번 이세돌과의 대결에서 알파고는 매우 창의

"문제는, 알파고는 바둑을 두는 것 이외에는
할 수 있는 게 없다는 점입니다."

적인 수를 두곤 했습니다. 전문가들 역시 놀랄 정도로 창의적인 바둑이었습니다.

알파고가 이렇게 할 수 있었던 것은 바로 인공지능에 두 가지의 신경 회로가 보완되었기 때문입니다. 그 구조는 매우 단순하지만 이것이 가져오는 네트워크와 정보, 분석, 판단력은 굉장히 방대합니다. 두 개의 신경 회로 중 첫 번째는 현재의 판세가 어떠한지를 평가하고, 두 번째 신경회로는 이 상황에서 상대 선수의 다음 수를 예측합니다.

이 과정에서 알파고는 두 가지 방법으로 학습을 합니다. 첫째, 이미 기록된 여러 경기 내용의 데이터베이스를 학습에 활용합니다. 이를 위해서는 상당히 많은 양의 데이터가 입력되어야 합니다. 이 데이터에는 이미 일정 수준 이상의 바둑선수들이 둔 게임 내용이 전부 축적되어 있습니다. 따라서 이것을 통해서 과연 '어떤 것이 좋은 형세인가'를 판단합니다. 알파고는 '이런 상황에서는 대부분의 선수가 이러한 수를 둔다'는 것을 파악합니다. 또한 반대로 이 과정에서 좋지 않은 수를 가지치기 하면서 자신의 데이터베이스를 더욱 공고히 합니다. 둘째, 알파고는 스스로 학습을 합니다. 알파고는 자기 자신과 게임을 하면서 신경 회로를 더욱더 향상시키면서 경기 능력을 높여 나갑니다. 이때도 마찬가지로 불필요한 수, 좋지 않은 수를 가지치기 합니다.

알파고가 전구를 갈 수 있을 때

이러한 학습능력은 과거의 딥블루가 사용한 기술과는 질적으로 차이가 납니다. 더욱 폭넓고 광범위한 사용처가 있다는 얘기입니다. 예를 들면, AI의 학습능력은 이미지를 분류할 때 쓰일 수 있습니다. 현재 이미 MS에서는 이미지를 분류하는 소프트웨어를 개발했고, 일정 수준 이상의 성공을 거두고 있습니다. 이것이 가능한 데는 바로 알파고의 학습과정과 동일한 신경 회로를 이용한 딥러닝, 그리고 막대한 데이터의 축적이 있었기 때문입니다. 더 나아가 이러한 막대한 데이터를 처리하는 데에 필요한 칩인 GPU(graphic processing unit의 약자로 그래픽 카드의 핵심 칩이다 -편집자)가 충분히 확보되어 있기 때문에 컴퓨팅 능력 역시 고도로 발달했습니다. 알파고가 특별한 것은 바로 이렇게 다른 분야로까지 확장되면서 인공지능이 더욱 많은 범위에 적용될 수 있는 가능성에 있습니다.

하지만 알파고가 갈 길은 상당히 멉니다. 알파고는 똑똑할 뿐만 아니라 그것 자체만으로도 꽤 훌륭한 성취라고 할 수 있을 겁니다. 또 제한적이지만 창의성을 보인다는 점에서 매우 놀라운 기술적 성과입니다. 그런데 문제는, 알파고는 바둑을 두는 것 이외에는 할 수 있는 게 없다는 점입니다. 이세돌 선수는 바둑을 두지만 집안의 전구를 갈 수도 있고, 대화를 하고 요리도 할 수 있습니다. 뿐만 아니라 새로운 일을 학습하고 또 다른 창의적인 일도 할 수 있습니다. 하지만 알파고는 오로지 바둑을 두는 일 외에는 다른 일은 아무것도 못 합니다.

'3C'가 가능한 AI가 나올까

AI는 '쓰리 씨Three C'를 수행하지 못합니다. 첫 번째 C는 크리에이티브Creative입니다. 인간의 창의성은 '열려 있다'라는 말로 표현할 수 있습니다. 아이들은 자신의 창의성을 다양한 곳에 발휘합니다. 모래놀이를 할 때, 크레용으로 그림을 그릴 때, 정원에서 놀 때조차도 자신만의 열려 있는 창의성을 발휘하고 개방적으로 그 모든 것들을 수용합니다. 한 분야에서 발휘한 창의성을 다른 곳에 적용하면서 그것을 확대 발전시키고 한 단계 올라선 창의성을 또 다른 곳에 적용하면서 예상치 못한 창의적 과업을 수행하기도 합니다. 하지만 알파고는 이런 열려 있는 창의성이 없고 세상을 향한 개방성도 없습니다. 그저 축적된 데이터베이스와 그에 대한 자기 학습으로 바둑을 둘 뿐입니다.

두 번째 C는 상식Common Sense입니다. 인간은 어떤 일을 할 때 내 행동이 어떤 결과로 이어질지 예측할 수 있습니다. 그러나 컴퓨터에게는 그런 능력이 없습니다. 예를 들면, 알파고는 바둑판 바깥에 세상이 있다는 것 자체를 인지하지 못합니다. 알파고는 아마도 우리 인간들이 있다는 사실 자체를 모르고 있을 겁니다. 마지막 C는 개념Concept입니다. 우리는 언어로 소통하고 추상적인 사고를 하면서 '개념'을 만들지만 알파고는 전혀 그렇지 못합니다.

그간 AI에 많은 진전이 있었지만 이러한 세 가지는 아직까지 컴퓨터가 해내지 못하고 있습니다. 결과적으로 알파고는 딥블루와는 차원이 다른 형태로, 더 고도로 발전한 것은 맞지만 아직은 인간이 할 수 있는 기본적인 '쓰리 씨'를 수행하지 못합니다.

사진, 어디까지 생각해 보셨습니까

사물인터넷은 AI와 함께 매우 중요한 미래 기술 중의 하나입니다. 우리가 동화 속에서나 보았던 것들이 사물인터넷을 통해서 현실이 됩니다. 인간과 사물이 연결되고, 텔레파시가 가능해지게 되는 겁니다.

이러한 사물인터넷에서 무엇보다 중요한 것은 센서입니다. 이 센서가 적용되는 분야 중에서도 특히 카메라는 매우 중요합니다. 제가 강의를 하고 있는 MIT에서 사물인터넷 쓰레기통을 만들었습니다. 쓰레기통 안에는 카메라가 설치되어 있으며 쓰레기통은 자기 안으로 들어온 것을 스스로 정리할 수 있습니다. 또 인터넷과 연결되어 있기 때문에 스스로 로컬 푸드나 혹은 친환경 음식을 주문할 수도 있습니다. 또한 "쓰레기통 안에는 '어스커'라는 캐릭터가 살고 있다"는 스토리도 만들었습니다. 예를 들어, 사용자가 어스커의

데이비드 로즈 David Rose 온라인상의 사진을 실시간 스캔 · 분석하는 디토랩스Ditto Labs의 CEO이다. 과거 약에 대한 정보를 제공하는 '바이탈리티'와 사물인터넷 개발과 관련된 다수의 스타트업을 설립한 바 있다. 미국 매사추세츠공과대학(MIT)의 미디어융합 기술연구소인 미디어랩의 강사로도 활동하고 있다.

제안이 마음에 들지 않으면 발로 쓰레기통을 한 번 차면 됩니다. 그러면 조용해집니다. 이렇듯 사물인터넷 쓰레기통의 시작은 바로 카메라입니다. 카메라가 없다면 어스커는 자신에게 주어지는 것을 구분조차 못 합니다.

카메라는 어디까지 진화하고 있는가

이 카메라가 사용되는 분야가 어디까지 확장되고 있는지 알면 깜짝 놀라실 겁니다. 그야말로 무한히 확장되고 있습니다. 카메라, 혹은 그 카메라가 찍은 사진의 세계에서 이제까지와는 전혀 다른 패러다임의 전환이 진행되고 있다는 말입니다.

오늘날 18억 장의 사진이 SNS를 통해 공유되고 있습니다. 이제 우리는 SNS를 통한 사진 공유를 마치 숨쉬는 것처럼 자연스럽게 받아들입니다. 휴대전화에 카메라가 탑재되면서 사진을 찍고 어딘가에 올리는 것은 이제 일상이 되었습니다. 화질은 점점 좋아지고 배터리 수명은 늘어나고 크기는 더 작아지고 있습니다. 그리고 이제 더 많은 곳에 이 카메라가 탑재되고 있습니다. 과거에 카메라는 들고 다니면서 찍어야 하는 기기였지만 이제는 자동으로 작동됩니다. 곳곳에 CCTV가 있고 TV에도 카메라가 있으며, 노트북에도 있고 옥외광고판에도 카메라가 탑재되어 있어서 누가 광고를 보는지 확인하고 있습니다. 심지어 나무에 카메라를 달아 밤에 어떤 사냥감이 어떤 길로 지나다니는지를 보고 있습니다.

벤처기업들은 전구 끝과 거울에도 카메라를 설치해 새로운 사업 영역을 개척하고 있습니다. 카메라가 거울 앞에 선 사람을 촬영해서 어떤 옷이 잘 어울리는지 제안하기도 합니다. 위험한 지역에 조그만 공처럼 생긴 카메라를 던지면 던져진 그곳의 구석구석을 찍어 어떤 위험요소가 있는지를 알 수 있습니다. 스웨덴 회사에서 만든 '내러티브 클립Narrative Clip'이라는 것이 있습니다. 이것을 몸에 부착하고 다니면 하루 종일 그 사람이 하는 일이 촬영이 됩니다. 실내에서 얼마나 많은 시간을 보내는지, 간식은 얼마나 많이 먹는지, 누구와 점심을 먹는지, 친구들과 어느 정도의 시간을 보내는지 모두 촬영이 됩니다.

사진 한 장의 의미를 탐색하다

사실 이렇게 많은 곳에 카메라가 존재한다는 것 자체로는 큰 의미가 없습니다. 수많은 카메라와 사진의 존재 사실이 클라우드, 딥러닝과 결합하게 되면 '사진의 의미'를 포착하고 그것을 라벨링할 수 있다는 사실에 주목해야 합니다. 이것을 위해서는 'html' 같은 새로운 시스템이 필요합니다. html은 일반적인 텍스트를 하이퍼텍

스트로 만들어 줍니다. 글자를 클릭하면 해당 사이트로 이동할 수도 있습니다. 사진도 이런 식의 새로운 시스템을 통해서 라벨링이 가능할 것으로 보입니다.

저는 2012년에 '디토'라는 회사를 창업했습니다. 디토에서는 소셜 미디어에 있는 사진을 라벨링합니다. 브랜드, 사물, 장면, 얼굴, 표정 등이 라벨링됩니다. SNS에서 아이스크림, 술, 자동차 같은 카테고리를 선택하면 어떤 사진과 브랜드들이 공유되고 있는지 알 수 있습니다. 사람들이 컵을 들고 있는 사진은 어떨까요? 여기에 라벨링 작업이 이뤄지면 그 컵이 요거트 컵인지, 데일리퀸 아이스크림 컵인지, 스타벅스 컵인지 알 수 있고, 운동경기를 관람하면서 먹는 것인지 아닌지를 알 수 있습니다. 또한 사진에 대한 주관적인 라벨링도 가능해집니다. 기쁜 사진인지, 슬픈 사진인지, 이런 것도 분류가 가능하다는 말입니다. 회사 입장에서는 SNS에 공유되고 있는 사진들을 통해 고객이 구매한 식품이나 음료를 어떤 방식으로 소비하고 있는지 알 수 있게 됩니다.

'비주얼 브랜드 파워'라는 사이트가 있습니다. 이곳에서는 자동차든, 술이든, 아이스크림이든, 브랜드가 있는 제품과 사진과의 연관 관계를 보여줍니다. 예를 들어, 실제 맨체스터 유나이티드의 팬이 누구인지 알아보고 이 팬들만 타깃팅을 할 수 있습니다. 미래에는 이처럼 유비쿼터스한 사진들이 결국 비즈니스와 쇼핑의 패턴

"회사는 사진을 통해 고객이 구매한 식품이나 음료를
어떤 방식으로 소비하고 있는지 알 수 있습니다."

을 완전히 바꿔놓을 것입니다. 많은 사람들이 친구들의 사진을 보는데 상당한 시간을 할애합니다. 그런데 이 사진을 보는 것이 행동으로 이어진다면 상당한 파급력을 가지게 되고 이 과정을 통해 머신러닝이 가능할 것입니다. 사진이라는 비구조화된 수억 장의 데이터를 구조화함으로써 딥러닝이 가능하다는 이야기입니다. 사진을 통해서 뭔가를 알게 되고 분석을 할 수 있게 됩니다. 따라서 무엇인가를 팔아야 하는 회사로서는 이러한 것에 관심을 둘 수밖에 없습니다.

사진에 주목하는 회사들

어떤 선글라스 회사는 친구 사진에 있는 선글라스를 클릭하도록 하고 있고, 시드긱Seedgeek이라는 게임 티켓을 판매하는 회사는 친구가 야구 경기장에서 찍은 사진을 보고 동일한 좌석을 예약할 수 있도록 했습니다. 델타나 대한항공의 경우에는 다른 사람이 바다에서 노는 모습을 보면서 항공권을 예약하게 하고, 호텔투나잇은 친구의 사진 속에 보이는 똑같은 호텔방을 예약할 수 있도록 했습니다. 사진만 가지고도 이렇게 할 수 있는 일이 많습니다. 과거에는 상상도 하지 못했던 일입니다. 딥러닝과 사진이 결합하게 되면 사진 자체가 아이콘이 되는 것입니다. 또한 이것은 개인의 비즈니스 모델이 될 수도 있습니다. 예를 들어, 어떤 사람이 여러분의 사진에 있는 사물을 클릭해서 아마존에서 같은 제품을 산다면, 일정한 금액의 수수료를 받을 수 있는 일이 발생합니다. 새로운 형태의 소셜커머스가 실행되는 것입니다. 미래에는 마치 SF 영화 속 세계에서처럼 모든 SNS의 사진에 대한 클릭이 가능하게 되고 이를 통해 쇼핑을 할 수 있게 됩니다. SNS와 사물인터넷, 빅데이터와 머신러닝의 결합을 통해 상상하지 못했던 전혀 새로운 비즈니스 기회와 소비시장이 열리는 것입니다.

질문과 답변

Q 사물인터넷 기술과 관련해 질문이 있습니다. 딥러닝 기술이 사진 분석에 활용이 되는 것으로 알고 있는데 알파고에 들어가는 기술과 같은지요? 뉴런 네크워크neuron network와 같은 기술이 똑같이 사진 인식 기술로 사용이 되는지 궁금합니다.

데이비드 로즈 궁극적으로 같은 기술이라고 보시면 됩니다. 딥러닝을 어떠한 애플리케이션으로 활용을 하던지 어느 정도의 공학 기술이 뒷받침되어야 하는데, 사실 그 기저에 있는 기술이란 굉장히 비슷합니다. 구글과 페이스북, 기타 오픈 소스 기술에서 각종 툴박스가 나올 수 있는 것도 그 때문입니다.

현재 딥러닝 기술은 IT 지식이 없는 사람도 얼마든지 머신러닝 도구를 새로운 영역에 적용할 수 있을 정도로 빠르게 발전하고 있습니다. 아마도 미래의 딥러닝 네트워크에서는 일종의 '분류의 상점'도 등장할 것 같습니다. 즉 어떤 사진을 보다가 무엇인가를 보고 싶으면, 그게 무엇이든지 웹사이트를 열어 '나는 이러이러한 분류기classifier를 만들고 싶다', 혹은 '지금 보여주는 사진과 비슷한 사진을 찾아 달라'고 하면 수천 개의 사진을 검색해 줄 것입니다. 그리고 이런 과정을 통해서 네트워크는 나날이 새로워질 것입니다. 분류기를 만드는 기술은 더더욱 비즈니스에서 각광을 받을 테고요.

딥러닝 네트워크를 사용하면 이 사진이 바닷가에서 찍힌 것인지, 술집에서 찍힌 것인지, 야외에서 찍힌 것인지, 실내에서 찍힌 것인지, 스키를 타면서 찍힌 것인지를 알 수 있을 뿐만 아니라 오토바이 '느낌'이나 강아지 '느낌'이 나는 사진과 같은 주관적인 기준으로도 분류하고 찾을 수 있습니다. 앞으로 나올 분류기는 이러한 주관적인 느낌에 의한 분류도 가능할 것입니다. 이렇게 되면 가장 흥미로운 사진을 찾거나 가장 의미 있는 사진 또한 얼마든지 찾을 수 있습니다. '하루 종일 찍은 스키 영상 중에서 가장 흥미로운 15초를 찾겠다'라고 한다면 과거에는 조수가 했던 것을 이제는 딥러닝을 통해서 가능하다는 얘기입니다. 앞으로는 이러한 예술적 지성이 활성화되고 감성적인 분류가 얼마든지 가능해집니다.

Q 딥러닝은 이미지 인식 및 분류와 관련이 있는데, 혹시 딥러닝이 금융이라던지 아니면 뭔가 새로운 것을 만드는 시스템과는 어떤 관련이 있는지 궁금합니다. 딥러닝이 현재 어느 정도까지 발전되었고 그 다음 단계는 무엇일까요?

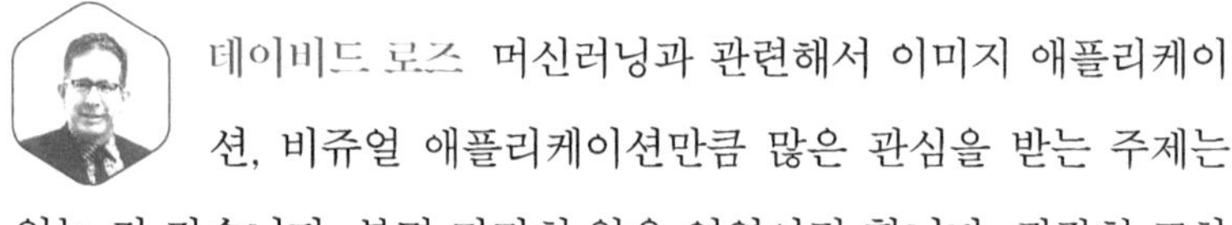

데이비드 로즈 머신러닝과 관련해서 이미지 애플리케이션, 비쥬얼 애플리케이션만큼 많은 관심을 받는 주제는 없는 것 같습니다. 분명 만만치 않은 영역이긴 합니다. 굉장히 고차원적인 데이터이기도 하고요. 사진 한 장이 1000×1000 픽셀인 경우도 있습니다. 하지만 기본적인 딥러닝의 구조는 그 어떤 데이터에도 적용이 가능합니다. 그 어떤 것도 뉴런 네트워크를 이용할 수 있습니다. 그렇다면 신경망을 만들어서 '피카소 스타일'의 그림이나 '모네 스타일'의 그림을 그려보라'고도 할 수 있을까요? 아니면 기존에 있던 이미지를 이용해 피카소 스타일의 새로운 그림으로 재탄생시킬 수 있을까요? 저는 그렇다고 봅니다. 많은 애플리케이션이 등장해 이를 현실로 만들 것입니다.

Q 향후 미래 기술은 어떻게 될까요? 무엇을 바꿀까요?

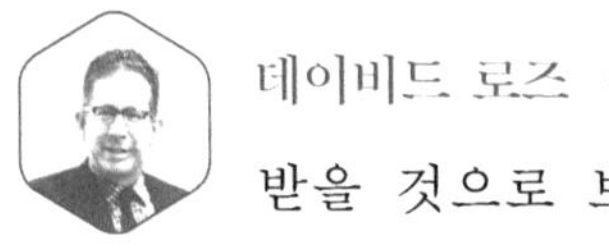

데이비드 로즈 무엇보다 광고와 마케팅이 영향을 많이 받을 것으로 보입니다. 저는 '감성 컴퓨팅affective computing'(표정이나 목소리, 몸짓 등의 생리적 신호를 토대로 인간의 감정을 인지하고 분석하는 컴퓨터 기술 -편집자)이라는 분야를 관심 있게 보고 있습니다. 감성 컴퓨팅을 이용하면 심장 박동이라든지 피부 접촉의 유무 등을 감지해 지금 지루한지, 흥분했는지를 비롯해 몰입의 정도는 어느 정도인지 등도 파악할 수 있습니다. 이러한 감성 컴퓨팅은 특히나 교육 분야에 유용할 것입니다. 더 나은 고객서비스를 고민하는 기업에게는 말할 것도 없겠지요. 지금의 컴퓨터는 사람의 감정을 감지하지 못합니다만 앞으로 기술이 발전하면 얼마든지 가능해지리라 생각합니다.

9장

여성은 아직도 배고프다

셰리 블레어 아시아여성대학 명예총장

양란 양광미디어그룹 회장

플뢰르 펠르랭 전 프랑스 문화통신부 장관

양성 평등 문제는 옵션이 아니라 모든 조직과 사회가 관심을 가져야 하는 사안입니다. 파트타임으로 일하는 것, 휴직을 하는 것, 산후 휴가를 받는 것 등 가정과 일과의 양립 문제는 더 이상 여성 한 개인의 문제가 아닙니다.

여성이 일할 수 있도록 돕는 확실한 방법

몇 년 전 〈이코노미스트〉에 '우머노믹스Womanomics'라는 말이 실렸습니다. '21세기 글로벌 경제에 가장 많이 기여하는 주체는 중국도 인도도 아니다. 바로 수십억 명의 여성 활동 인구다'라는 내용이었습니다. 혁신과 변화에서 여성의 역할이 결코 작지 않다는 얘기입니다. 문제는, 수많은 여성 인구를 어떻게 경제활동 인구로 만드느냐 입니다.

이 문제에서 교육을 빼놓고 얘기할 수는 없습니다. 사실 제가 학교를 다닌 1960년대만 하더라도 여성에 대한 차별은 합법적이었습니다. 당시 영국에서 여성은 남성과 똑같은 시간, 똑같은 일을 해도 임금을 덜 받았고 이는 아무런 법적인 문제를 일으키지 않았습니다. 여성이 은행에 가서 대출을 신청하더라도 남편의 보증이 없으면 거절당하는 것도 이상하지 않았던 때입니다. 임신 때문에 해고

셰리 블레어 Cherie Blair 토니 블레어 전 영국 총리의 아내이자 영국의 대표적인 여성 지도자이다. 사회공헌재단인 셰리블레어재단 이사장, 아시아 개도국 여성을 교육하는 아시아여성대학(AUW) 명예총장, 인권 변호사로 활동하고 있다. 여성문제·인권문제 등 폭넓은 분야에서 활약한 점을 인정받아 2007년 엘리너 루스벨트상을 수상했다.

되는 것도 합법이었습니다. 하지만 교육의 중요성을 알았던 제 어머니는 자식을 교육시키셨고 그 덕에 저는 변호사가 될 수 있었습니다.

모든 여성은 교육받을 권리가 있다

1970~1980년대에 여성 차별이 부당하다는 많은 판례가 나오면서 여권 신장이 상당히 이뤄졌습니다. 지금까지도 지속적인 발전을 거듭하고 있습니다만 아직 완벽하지는 않습니다. 아직까지 영국에서도 은밀한 차별이 있으며 세계 곳곳에서 공공연한 차별이 자행되고 있습니다. 그런 점에서 한국은 여성 교육이 상당히 발전한 나라입니다. 25세와 34세 사이의 한국 여성 71퍼센트가 대학을 졸업한 고등교육 이수자일 정도입니다. 전 세계적인 통계로 봐도 상당히 높은 퍼센트입니다. OECD 국가 중에서 여성의 경제활동 인구도 많고 또 최초의 여성 대통령을 배출한 나라이기도 합니다.

한국이 여권 신장을 보여주는 좋은 사례이긴 하지만 여전히 우리가 할 일은 많습니다. 왜냐하면 이러한 혜택을 운이 좋은 여성, 부유한 여성에게만 줄 수는 없기 때문입니다. 우리는 각계각층의 여성에게 기회를 주어야 합니다. 난민 수용소에 있는 여성, 의료와 교육의 사각지대에 있는 여성이 공부를 할 수 있을까요? 대학을 갈

"의료와 교육의 사각지대에 있는 여성이 공부를
할 수 있을까요? 이는 불평등의 문제이기도 합니다."

수 있을까요? 불가능합니다. 가장 노릇을 해야 하기 때문에 학교를 중퇴하고 봉제 공장에서 일해야 하는 상황에서 교육을 받고 더 나은 직장을 구할 수 있을까요? 이 여성들이 혹여 대학을 가더라도 가족은 큰 희생을 할 수밖에 없습니다. 학비에 돈을 써야 하니까 이 가정은 여유자금이 없습니다. 이것은 불평등의 문제입니다.

진정한 다양성이란

사실 진정한 다양성이란 소수의 사람만 특혜를 보는 것이 아니라 봉제 공장에서 일하는 사람도 기회를 가질 수 있어야 한다는 의미입니다. 아시아에서도 다양성을 위해서 모든 노력을 다해야 합니다. 우리는 그렇게 할 수 있습니다. 여성들은 보다 나은 세상을 향한 꿈을 반드시 이룰 수 있습니다.

사회의 진보를 위해 꼭 필요한 여성의 사회 진출

여성의 문제는 단순히 양성 평등의 문제가 아닙니다. 사회 문제이자 또 성장에 대한 문제이기도 합니다. '여성'이라는 정말 커다란 인재 풀이 존재하는데 이런 인재 풀이 가진 잠재력을 경제, 성장, 발전에 활용하지 못하고 있는 것이 현실입니다. 한 연구에 따르면, 여성이 노동인구에 합류할 때 전 세계의 GDP가 훨씬 더 높아지고 13퍼센트 수준의 추가 성장을 이룰 수 있을 것으로 전망했습니다.

여성의 문제는 사회 문제이기도 합니다. 경제를 성장시키고 사회를 풍요롭게 하는 일이기 때문입니다. 일례로, 전 세계적 규모의 여러 조사에 따르면 기업이 다양성을 포용할 경우, 특히 여성을 고위 경영진이나 이사회에 포함시킨 경우 수익성과 자본수익률이 훨씬 높았습니다. 또 경제 위기가 닥쳤을 때 복원력도 더 뛰어났습니다.

하지만 현실을 보면 많은 나라에서 여성들이 경제 인구로 편입될

양란 楊瀾 양광미디어그룹과 양광문화재단의 회장이다. 베이징 외국어대학에서 영문학, 컬럼비아대학에서 국제관계학으로 석사를 마쳤다. 2008년 베이징 올림픽과 2010년 상하이 올림픽의 개막식을 이끌면서 중국의 '국민 아나운서'로도 불린다. 2013년 포브스에서 선정한 세계에서 가장 영향력 있는 100인의 여성에 선정된 바 있다.

때 낮은 직급으로 일하는 경우가 많기 때문에 사회적인 지위 또한 매우 낮습니다. 중국을 보면 잘 알 수 있습니다. 사회 계층으로 볼 때도 상층으로 올라갈수록 여성의 수는 줄어듭니다. 중국의 경우 기업의 고위경영진 가운데 여성 비율이 22퍼센트밖에 안됩니다. 국영기업의 경우에는 16퍼센트까지 떨어집니다. 28퍼센트, 24퍼센트에 달하는 다른 글로벌 기업과 비교하면 낮은 수치입니다. 지방정부로 갈수록 고위직에는 여성이 거의 없습니다.

남성은 받지 않는 질문

여성 문제가 단순한 양성 평등의 문제가 아닌 또 다른 이유는 바로 가정의 문제와 직결되기 때문입니다. OECD에서 실시한 조사를 살펴보면, 중국 여성이 세계에서 가장 오랜 시간 일하는 것으로 나타났습니다. 중국에서 여성은 가정에서 가사 노동의 70퍼센트를 담당하며 동시에 하루 8시간의 일을 하고 있습니다. 요리를 하거나 아이들을 학교 과외 활동에 데려다 주는 등의 양육의 책임도 여성이 더 많이 부담하고 있습니다. 그러니 여성은 피곤할 수밖에 없습니다.

저는 여성 기업인으로서 기자들로부터 많이 받는 질문이 있습니다. '어떻게 일과 가정을 양립할 수 있습니까?'가 바로 그것입니다.

물론 질문 자체는 이상할 게 없습니다. 하지만 남자에게는 이러한 질문을 하지 않는 게 이상한 것입니다. 그래서 가끔씩 소심한 복수를 합니다. 특히 남성 리더들에게 제가 꼭 물어봅니다. '가족과 저녁 식사를 일주일에 몇 번 하십니까?'라고 말입니다. 그러면 남성들은 깜짝 놀랍니다. '그런 것을 왜 물어봐요?'하고 말입니다. 그러니까, 일과 가정의 양립은 여성의 문제지 남성의 문제가 아니라고 생각하고 있는 겁니다.

가정은 여성에게나 남성에게나 즐거움의 원천이어야 합니다. 남성이 마인드를 바꾸지 않고 여성 역시 기존의 사고에서 벗어나지 않는 한 여성은 지금의 부담을 덜지 못할 것입니다. 남성과 여성은 공익과 지속가능한 경제를 위해 함께 노력해야 합니다.

남자는 가족의 생계를 책임지고, 여성은 양육을 책임진다는 이분법적인 사고도 문제라고 생각합니다. 그러다 보니 중국의 두 자녀 정책은 여성들에게 오히려 걸림돌이 되기도 합니다. 여자는 아이를 더 낳음으로써 가정에서는 가정대로 스트레스를 받고 회사에서는 출산 휴가를 받는 데에 대한 압박 아닌 압박을 느끼고 있습니다. 남성들도 당연히 출산 휴가를 받을 수 있는데 말입니다. 이제 여성에게도 남성과 같은 동등한 투자를 해야 하며 회사는 그에 따른 비용을 부담해야 합니다.

"왜 여성만 '어떻게 일과 가정을 양립할 수 있습니까'
라는 질문을 받을까요?"

진보와 여성

2005년에 저는 '허 빌리지Her Village'라는 TV 토크쇼를 시작했습니다. 당시 인도를 방문해 간디의 옛집을 찾아 간 적이 있었는데, 그때 저는 간디가 한 말을 읽고 큰 영감을 받았습니다. '세상이 아무리 크더라도 마을은 작은 마을이고, 마을이 아무리 작더라도 그것은 곧 세계와 같다.' 힐러리 클린턴도 '아이를 키우는 데는 마을이 필요하다'고 말한 적이 있습니다. 이렇게 되기 위해서는 남성과의 파트너십이 매우 중요합니다. 정부와 기업의 좋은 정책도 물론 필요합니다.

이러한 양성 평등 문제를 지속가능한 의제로 만들어야 한다고 생각합니다. 유엔에서도 2015년에 '지속가능한 세계 경제'를 논하면서 여성의 문제를 중요한 의제로 올려놓았습니다. 여성 문제는 우리 모두의 문제입니다.

양성 평등을 보장하기 위한 방법

많은 연구 결과를 보면 다양성이 확보되면 경제적·사회적으로 많은 이점이 있습니다. 그런 점에서 양성 평등 보장은 정부, 기업, 기관들이 관심을 가져야 하는 주제가 맞습니다. 그렇다면 어떻게 양성 평등을 실현할 수 있을까요?

1940~1950년대 이후 양성 평등에 관해 많은 변화가 있었지만 그럼에도 불구하고 놀라운 불평등이 지속되고 있습니다. 프랑스에서는 아직도 남녀의 임금이 20퍼센트나 차이가 납니다. 똑같은 경력, 똑같은 직책, 똑같은 커리어를 가지고 있음에도 불구하고 여성 근로자들은 20퍼센트의 임금을 덜 받고 있는 것입니다. 뿐만 아니라 여성들은 의사결정의 자리에서도 뒤로 밀려나 있습니다. 민간기업이든, 공공기관이든 여성의 숫자는 턱없이 적습니다. 2016년 4월에 한 여성이 프랑스 40대 기업 중 한 곳의 CEO로 임명된 일이 있

플뢰르 펠르랭 Fleur Pellerin 2012년 5월 프랑수아 올랑드 대통령 당선 직후 중소기업 · 디지털 경제 장관에 임명됐다. 이후 통상 국무 장관을 거쳐 문화 장관까지 3년 반 동안 무려 3개 부처 장관을 지냈다. 2007년 올랑드 대통령의 대선캠프에서 IT 정책 보좌관으로 활약했으며 그 공로를 인정받아 디지털 경제 부문의 장관으로 임명됐다.

습니다. 프랑스에서도 매우 이례적인 사건으로 다룰 정도였습니다. 대부분의 사람들, 특히 남성에게 왜 경영진이나 이사회에 여성이 남성보다 더 적은지 물어보면 '여성 중에는 최고 기업의 임원 경험이나 경력을 가진 사람을 찾기 어렵기 때문'이라는 대답을 흔히 합니다. 왜 그럴까요?

여성 스스로 나서야 한다

프랑스 고등학교에서는 여학생이 남학생보다 공부를 더 잘합니다. 그런데 MBA나 공과대학에 가면 여학생 수가 현저하게 줄어듭니다. 고등학교 때는 공부를 잘하지만 대학에 진학할 때 여성이 소외된다는 말입니다. 이러한 현상은 창업에서도 고스란히 드러납니다. 제가 정부에서 일할 때 유능한 여성 인재들을 좀 더 키우고 싶었습니다. 당시 기업 10곳이 창업되면 그 중 여성이 창업한 경우는 1곳 꼴에 불과했기 때문입니다. 주로 공과대학을 졸업한 학생들이 창업을 하는데, 공과대학의 여학생 비율은 20~30퍼센트밖에 되지 않았습니다. 자금을 조달할 때도 불평등이 있습니다. 여성이 창업에 필요한 대출을 받으려고 하면, 같은 조건으로 신청한 남성들보다 항상 대출 액수가 20~30퍼센트 정도는 적었습니다.

그렇다면 이러한 불평등의 문제를 어떻게 해결해야 할까요? 먼

"양성 평등 문제는
법이나 규제만으로
해결될 수 없습니다.
여성들 먼저 서로를
도와야 합니다."

저 여성 스스로가 해야 할 일이 있습니다. 멘토링과 튜터링을 통해서 여성들 서로가 도움을 주려는 노력을 해야 합니다. 비슷한 일을 하는 다른 여성을 만나 경험을 공유하는 것 또한 권장할 만한 일입니다.

기업의 경우 인사과에서 이런 문제를 다룰 수 있을 것입니다. 예를 들어, 여성만을 위한 특별한 투자를 생각해보는 것은 어떨까요? 정부 또한 할 일이 있습니다. 프랑스에서는 15년 전에 법을 하나 만들었습니다. 의무적으로 대기업 이사회의 여성 비율을 40퍼센트 이상으로 유지할 것을 고지했습니다. 이에 따라 상위 40대 기업, 혹은 500명 이상의 종업원을 둔 회사는 이 법안을 따라야 합니다.

또 2017년부터는 250명 이상의 근로자를 고용한 회사도 이사진에서 여성의 비율이 40퍼센트 이상이어야 됩니다. 사실 1999년에 이 법이 의회를 통과할 때만 해도 '약자 우대 정책으로 포장한 또 다른 차별이다', '특정한 사람들은 이를 받아들이기 힘들다'는 이야기가 있었습니다. 하지만 지금은 덕분에 여성이 임원으로 발탁되는 숫자가 상당히 늘었습니다. 만약 기업이 이 법을 준수하지 않으면 이사진의 급여를 동결해야 합니다.

정당에서도 비슷한 움직임이 일고 있습니다. 정당들은 선거에 출마할 후보 명단의 절반을 여성으로 채워야 합니다. 그렇지 않을 경우 별도의 벌금을 내야 합니다.

양성 평등 문제는 법이나 규제만으로 해결될 수 없다는 것은 분명합니다. 하지만 실제 법과 규제 수단을 썼을 때, 그 효과도 분명하게 나타납니다. 물론 유일한 답은 아니지만 말입니다.

질문과 답변

Q 한국에서는 경력이 단절된 여성을 채용하는 기업에게 정부가 인센티브를 줍니다. 하지만 저는 이것이 역차별이라고 생각합니다. 기업이 여성을 채용하는 것이 보상해야 할 문제는 아니라고 생각합니다. 임신한 여성을 채용하는 일은 당연한 일인데 왜 이를 국가가 보상해야 하는지 모르겠습니다. 중국, 프랑스 같은 경우에는 이런 제도가 있는지, 여성들이 경력 단절 이후에 계속 일을 할 수 있는 보완책이 있는지 알고 싶습니다.

양란 중국의 경우 여성은 3개월의 유급 출산 휴가를 받을 수 있고 남성은 15일 정도 받을 수 있습니다. 중국 또한 이제는 남성의 출산 휴가일도 더 보장받아야 한다는 이야기가 나옵니다. 여성만큼 쉴 수 있어야 평등하다고 말할 수 있기 때문입니다. 동아시아의 여성들은 특유의 가족문화 덕분에 부모님과 시부모님의 도움을 받을 수 있습니다. 저 역시도 많은 도움을 받았고 그 덕분에 아이를 양육할 수 있었습니다. 인구고령화가 빠르게 진행되고 있는 중국 같은 경우, 또 다른 어려움이 있습니다. 아픈 부모를 간병하고 돌보는 것 역시 대부분 가족 내 여성이 맡아야 하기 때문입니다. 여성은 육아뿐만 아니라 부모 봉양도 해야 하는 입장인 것입니다. 이제 사회가 이 문제를 심각히 여기고 시급히 대응해야 할 시점입니다.

플뢰르 펠르랭 프랑스에서는 여성이 임신을 했다고 해고하는 것은 불법입니다. 임신으로 3~4개월 이상 회사를 출근하지 못한다고 해서 해고를 할 수는 없습니다. 그렇다고 여성을 복직시킨 데에 대한 인센티브를 따로 주지는 않습니다.

현재 프랑스는 영유아를 돌보는 기관을 늘리려고 하고 있습니다. 젊은 여성들도 육아를 지원하는 복지제도를 갖춘 회사를 선호합니다. 더불어 회사가 여성의 임신·출산·육아를 돕는 적절한 시스템을 도입할 경우 세제 혜택을 받을 수 있습니다.

 미래의 주인공: 인간이냐, AI냐

진행자 짐 클랜시 전 CNN 앵커, 클랜시넷 대표이자 창립자

● AI가 미래다 제리 캐플런 스탠퍼드대학 법정보학센터 교수, 《인간은 필요없다》 저자

✖ 아니다, 인간을 이길 수 없다 노엘 샤키 셰필드대학 교수

진행자 영화 〈스타워즈〉에는 씨쓰리피오(C-3PO), 알투디투(R2D2) 같은 사랑스러운 캐릭터들이 있습니다. 씨쓰리피오는 수천 개의 언어를 통역했지만 어느 순간은 자신이 돌머리, 멍청이라고 여기기도 했습니다. 알투디투는 AI의 최고봉이라 생각이 됩니다. 〈터미네이터〉라는 영화도 있습니다. 이 영화는 단 세 개의 단어로 AI에 대한 우리의 꿈을 바꿔 버렸습니다. "I'LL BE BACK." 그런데 뭔가 좋은 일을 하기 위해 돌아오는 것이 아니었습니다. 이것이 AI의 어두운 면일 수 있겠습니다.

과연 미래의 주인공은 누구일까요? 여전히 인간일까요, 아니면 AI일까요? 노엘 샤키 교수는 인간 팀, 제리 캐플런 교수는 AI 팀입니다. 캐플런 교수부터 말씀해주시죠.

● **캐플런** 기계는 사람이 아닙니다. 그러니 기계를 사람과 비교하는 것은 마치 말과 차를 비교하는 것과 같습니다. 아니면 새와 비행기를 비교하는 꼴이기도 합니다. '어느 쪽이 더 낫냐'라는 질문을 하시려면 '낫다'라는 의미가 무엇인지, 또 어떠한 의미에서 '낫다'는 것인지 규명해야 합니다. 먼저 어떠한 방식으로 AI가 인간의 역량을 뛰어넘는지 설명해 보겠습니다.

기계가 잘하는 분야와 사람이 잘하는 분야는 분명 다릅니다. 우리는 기계를 만들 때 작업을 자동화하기 위해 만듭니다. 기계와 인간이 동시에 수행할 수 있는 여러 작업이 있습니다. 그 작업들을 비교해보면 적어도 우리가 지정해주는 작업에 있어서는 기계가 인간보다 훨씬 낫습니다. 그 증거는 자명합니다. 기계에게 더 빠르고 더 정확하고 더 적은 비용으로 일을 시킬 수 없다면 인간이 그 기계를 애초에 왜 만들었겠습니까. 그러니 우리가 기계를 활용하는 것 자체가 이미 특정한 분야에서는 기계가 낫다고 보는 것입니다.

이 자리에서는 AI와 관련해 그간 어떤 진척이 있는지, 그 중에서도 앞으로 인간의 활동 영역을 완전히 바꿔놓을 만한 것은 무엇인지에 대해 말씀드리겠습니다.

제리 캐플런 : 스탠퍼드대학 법정보학센터 교수이자 인공지능 학자이다. 과거 실리콘밸리에서 스타트업 4곳을 창업했으며, 컴퓨터와 스마트폰, 온라인 경매, 소셜미디어 게임 개발에 이르기까지 실리콘밸리 조력자 역할을 톡톡히 하고 있다. 최근 저서 《인간은 필요없다》는 〈이코노미스트〉가 선정한 '2015년 최고의 과학기술 도서 10권'에 뽑히기도 했다.

노엘 샤키 : 셰필드대학 인공지능·로봇공학과 명예교수이다. 꾸준한 기고 활동과 방송 출연을 통해 로봇에 대한 지식 확산에 힘쓰는 한편, 군사·육아·노인 부양·의료·출입국 관리 분야에서의 로봇 활용법 연구에 주력하고 있다. 국제로봇무기제어위원회(ICRAC) 위원장직도 맡고 있다. 신경 컴퓨팅, 기계 학습, 유전 연산법 연구 분야에도 정통하다.

지난 15~20년을 돌아보면 매우 근본적인 진척이 있었습니다. 흔히 머신러닝machine learning이라고 알려져 있는 분야입니다. 머신러닝이라는 단어는 사실 많은 것을 함축하고 있습니다. 흔히 인간의 학습을 얘기할 때 수학이나 영어, 문학, 철학 등을 배우는 것을 의미합니다. 하지만 인간이 더 똑똑해지는 방법과 기계가 더 똑똑해지는 방법은 같지 않습니다. 머신러닝은 학습하는 방법이 다릅니다. 머신러닝은 대규모의 데이터를 대상으로 패턴을 발견합니다. 예를 들면, '이 방에 사람이 많구나', '샤키 교수가 내 우측에 앉아 있구나'와 같은 사실은 패턴을 인지해내는 작업입니다.

정보화시대에는 모든 정보가 축적이 됩니다. 머신러닝의 기반은 이런 축적된 정보와 데이터입니다. 데이터 안에서 의미 있는 패턴을 뽑아낼 수 있고 이를 통해 기계가 그 전에 하지 못했던 일을 하도록 만들 수 있습니다. 여기서 우리가 하나 배운 것이 있다면, 데이터를 많이 축적할수록 문제 해결도 쉬워진다는 사실입니다. 과거에는 인간이 집중을 해야 해결할 수 있었던 문제를 이제는 머신러닝을 통해서 기계가 풀어내도록 할 수 있다는 것이죠.

✖ 샤키 저는 조금 다른 얘기를 하겠습니다. 사실 이 지능 이야기도 여러 논란이 있습니다. 지능이 무엇일까요? 이것이 굉장히 중

요한 정의입니다. 지능은 4가지 기능과 연관됩니다. 싸우는 능력, 도망가는 능력, 먹이는 능력, 다시 회복하는 능력입니다. 인공지능이라는 단어의 뜻에 걸맞게 AI는 사람이 갖고 있는 지능의 특성을 일부 갖고 있습니다. AI가 하는 것은 인간의 지능 중 일부 기능을 갖는 것입니다. 인공지능은 앞서 말씀하신 것처럼 인간보다 월등한 면들이 있습니다.

알파고는 5만 대의 컴퓨터를 통해서 4만 3천 건의 바둑 경기를 검색하고 분석했습니다. 어마어마한 성과이지만 AI의 발전을 생각해보면 사실은 게임에서 이긴 것 자체가 그리 큰 성과는 아니라고 생각합니다. 체스와 바둑에서 AI가 인간을 이겼지만 실제 세계에서는 다를 수 있습니다. 예를 들어, 전쟁을 분석한다고 생각해 봅시다. 내 공격을 계획하고 상대 공격을 방어하기 위한 전략 수립의 기반이 되는 데이터를 모으는 것 자체가 어렵습니다. 그러니 AI가 전쟁에서도 효과가 있을지 저는 회의적입니다.

또 AI는 의식과 감정을 분석하기 어렵습니다. 감정을 분석하고 표정으로 보여줄 수 있지만 느끼지는 못합니다. 따라서 진정한 의미의 AI가 되기 위해 기계에게 무의식이 필요한 것인지, 아니면 감정이 필요한 것인지 우리는 아직 확실히 알지 못합니다. '언젠가는 인간을 능가하는 AI가 있을 것이다'라고 말하기는 어렵습니다. 다만 특정한 일의 경우 사람보다 잘할 수 있는 것은 분명합니다.

진행자 여기서 1차 투표를 하고 참석자의 질문을 받아보겠습니다.

〈1차 투표결과〉

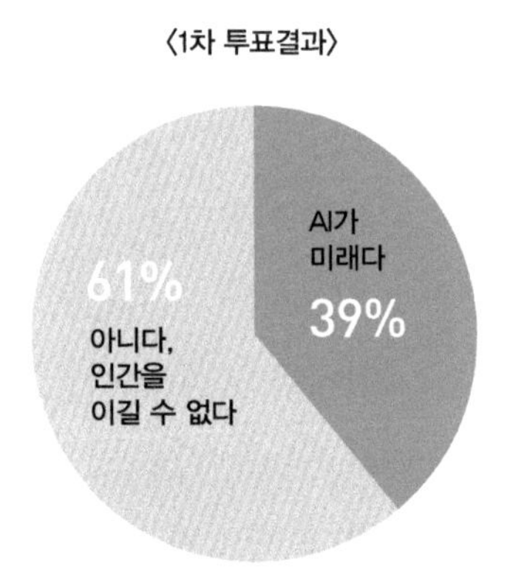

Q1 지금 말씀하시는 내용이 인간의 감정이나 열정, 이러한 것은 AI가 갖기란 힘들다는 건가요?

● **캐플런** AI의 초창기에 '기계가 생각할 수 있는가'라는 제목의 글을 본 적이 있습니다. 그 글의 결론을 대략 인용해보자면 이렇습니다. "나는 '기계가 생각할 수 있는가'라는 질문 자체가 의미 없다고 생각하기 때문에 이에 대해 토론할 필요도 없다고 본다. 하지만 50년 후면 사람들은 생각하는 기계에 대해 논의를 하게 될 것이다. 이러한 질문은 그때 가서 의미가 있을 것이다."

우리는 지금 휴대전화를 꺼내며 '스마트폰'이라고 지칭하지만 50년 전의 사람들은 '스마트폰이 뭐야?' 그랬을 것입니다. 스마트폰이란 말은 전화가 충분히 똑똑할 수 있다는 가능성을 인정하는 것입니다. 그런 의미에서 100년 후나 200년 후에도 감정이 오늘날과 같은 뜻으로 쓰이는 단어일까요? 그때가 되면 AI가 인간의 감정을 가질 수 있을까요? 어쩌면 이런 질문에 후대의 사람들은 지금 우리가 생각하는 것처럼 받아들이지 않을 수도 있습니다. 그때에는 AI가 인간보다 뛰어날 수 있기 때문입니다. 그래서 인간과 똑같이 감정을 표출하는 기계를 이상하게 생각하지 않고, 그러한 감정을 진정한 감정으로 받아들이는 시대가 올 수 있다는 것입니다.

✖ 샤키 레오나르도 다빈치가 살았던 시대에 했던 여러 가지 생각들을 지금의 학생들에게 들려 주면 다 웃습니다. 어쩌면 지금으로부터 200년 뒤에는 '감정'이라는 단어를 사용했던 과거 자체가 우스운 이야기가 될 수도 있습니다. 지금 '기계는 감정을 느끼지 못할 것이다'라고 말했는데 '절대로'라는 표현은 할 수 없습니다. 200년 후에 어떤 일이 일어날지 아무도 모릅니다. 우리가 얘기하는 것은 가까운 미래의 대한 것입니다. AI의 경우 여러 분야에서 발전할 수 있습니다. 예를 들어, 환자를 진료하고 간병하는 일은 AI의 몫이 될 가능성이 높습니다. 뇌사 상태에 있는 사람의 사망 여부를 결정하는 로봇이 있다고 해봅시다. 기계는 윤리적인 판단을 내릴 수 있을까요? 물론 의사와 가족이 함

께 의논하겠지만 기계를 통해 그 가능성을 분석해 볼 수는 있습니다. 그러다 기계가 계속 정답을 맞히면 우리는 기계를 신뢰하고 결국 결정권을 기계에게 넘길 수도 있습니다. 기계가 지나치게 신뢰받지 않도록 하기 위해, AI에 특별한 조절장치를 탑재하는 문제를 고민하게 될 수도 있습니다.

저는 인간의 의미를 중요하게 생각합니다. 기계는 인간의 존엄성, 인간의 삶이 가진 의미를 모릅니다. 기계는 우리가 갖고 있는 감정을 이해할 수 없습니다. 우리는 서로 연결되어 있어 여러분의 삶이 저에게도 의미 있고 제 삶이 여러분에게도 의미가 있습니다. 하지만 기계는 이러한 감정과 의미를 이해하지 못합니다. 기계가 사람의 생사를 결정하는 것은 옳지 않습니다. 그것이 치안의 영역이든 군사의 영역이든 마찬가지입니다.

● **캐플런** 기계가 인간의 생사를 결정해서는 안 된다는 말에 동의합니다. 하지만 한편으로는 틀렸다고 생각합니다. 인간의 생사가 초를 다투고 있을 때 우왕좌왕하는 바람에 죽을 수도 있고 오판이 내려질 수도 있습니다. 이런 부분도 함께 생각해야 합니다. 자동화된 권총이 사람을 죽이도록 두는 것이 맞을까요? 지금 샤키 교수는 기계가 생사를 결정해서는 안 된다고 주장했지만, 그 반대의 경우도 생각해볼 필요가 있습니다. 사람이 판단을 내릴 때까지 기다리는 것이 맞을까요? 아니면 총을 쏴야 할까요? 기

계가 재빨리 판단을 내려서 어린이나 노인 같은 약자부터 살리는 것이 맞지 않을까요? 중요한 것은 이런 결정을 내릴 상황이 언제 올지는 모르지만 이미 그러한 기술이 존재한다는 사실입니다.

자율주행차가 그 예일 수 있습니다. 자동차에게도 누군가를 죽여야 하나 말아야 하나를 판단해야 하는 순간이 올지 모릅니다. 따라서 자동차 설계시 도덕적인 판단을 내리는 기능도 고려해야 할 수 있습니다. 어린이보다 노인이 나은지, 혹은 어린이와 노인 중 누구를 선택할지, 자동차 사고가 났을 때 보행자를 지킬지 아니면 운전자 먼저 지킬지, 이러한 판단을 내려야 할 가능성도 고려해야 할지 모릅니다. 군대에서의 AI도 이런 관점에서 바라봐야 합니다. 그렇다고 자동차가 모든 사람을 죽이도록 그냥 두어야 한다는 것은 아닙니다. 하지만 '보행자인가 운전자인가', '어린이인가 노인인가'라는 판단을 회피해서는 안 된다는 말입니다.

Q2 윤리와 AI의 관계에 대해서 질문이 있습니다. 예를 들어, AI가 사람을 살해했다면 AI를 처벌해야 합니까? 사람이 사람에게 그랬다면 당연히 처벌을 받습니다. 하지만 AI라면 어떨까요? 과연 누가 책임지고 처벌을 받아야 하는지 궁금합니다.

● **캐플런** 이미 기계는 사람을 항상 죽이고 있다는 사실을 알아야

합니다. 기계가 사람을 죽였을 때 누가 책임을 져야 할까요? 미국에서는 '제조물 책임 이론'으로 설명하고 있습니다. 이것은 기술을 개발한 사람이 충분히 그 기술을 시험하고 실사를 했는지, 사용자가 의도치 않은 방법으로 잘못 사용하다가 사고가 났는지 등을 정하는 이론입니다. 예를 하나 들어 보겠습니다. 커피숍에서 일하는 로봇이 있다고 합시다. 로봇이 커피 원두를 사러 가는 길에 실수로 사람을 밀어서 그 사람이 차에 치였다고 합시다. 그러면 '저 로봇의 주인이 책임을 져야지'라고 할 것입니다. 자, 그런데 경찰이 와서 당신이 살인죄를 저질렀다고 체포를 하면 당신은 '저는 죽이려고 한 게 아닙니다'라고 호소하겠죠. 그렇다면 책임의 연결고리가 어디까지 가는지를 따져봐야 합니다.

자동화된 기계는 우리가 통제할 수 있는 영역이 아니라는 사실을 알아야 합니다. 개를 키우신다면 알 겁니다. 개를 통제하는데 한계가 있지 않습니까? 그러니 이와 관련해서도 법이 있습니다. 내 애완견이 다른 사람을 물었을 때 책임 소재를 어디까지 두어야 하는지를 규정하는 법이 있는 것처럼 기계를 어떻게 처벌해야 하는지에도 법이 있습니다. 그 기계에게 벌을 내리거나 혼낼 수는 없지만 그 기계가 최소한 자신이 정한 목표를 달성하지 못하도록 조작하는 방법은 있습니다. 그래서 그 기계가 의도한 목적을 이루지 못하도록 제약을 두면 새로운 기계는 자신의 행동을 이 기준에 두고 학습을 하게 됩니다. 이를 기계에 대한 재활, 혹은 재교육이라고 할 수 있겠습니다.

진행자 여기서 2차 투표를 진행하겠습니다. 그리고 투표 결과를 본 후에 다시 참석자 질문을 받겠습니다.

〈2차 투표결과〉

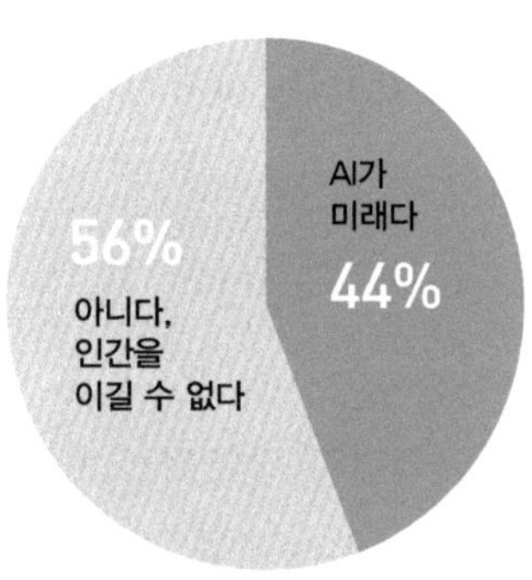

	1차 투표	2차 투표	3차 투표
AI가 미래다	39%	44%	?
아니다, 인간을 이길 수 없다	61%	56%	?

Q3 저는 캐플런 교수에게 질문하겠습니다. 방금 애완견의 주인에 대해서 말씀하셨는데 애완견뿐만 아니라 애완견 주인도 어느 정도의 책임은 져야 하지 않겠습니까? 그리고 만약에 인간이 자동화된 기계의 행동에 어떤 방식으로든 책임을 지게 된다면 AI가 인간의 능력을 능가할 수 있다고 말할 수 있을까요?

ROUND 2.
56%
44%
AI
Human
ASIAN
LEADERSHIP

● **캐플런** 애완견 사례로 다시 말씀드리겠습니다. 법을 보면 책임의 소재가 다양한 수준에 있습니다. 미국의 경우 주마다 다르긴 하지만, 'first bite theory'라는 기준을 적용하는 주도 있습니다. 처음 개가 누군가를 물었을 때는 제가 민사상의 책임은 지더라도 형사상의 책임을 지지는 않습니다. 주인조차도 애완견이 누군가를 물 것이라고 예견하지 못했을 뿐더러 처음 생긴 일이기 때문에 너그럽게 대응해야 한다는 이론입니다. 하지만 두 번째 물게 되면 이미 내 애완견이 위험할 수 있다는 것을 알고 있던 상황이기 때문에 이때는 훨씬 더 많은 책임을 묻습니다. 기계도 마찬가지 아닐까요? 저는 그렇게 생각합니다. 기계는 죄책감과 같은 감정이 없습니다.

인구의 1~2퍼센트 정도는 사이코패스라고 알려져 있습니다. 사이코패스는 감정이입을 하지 못해 다른 사람의 감정을 이해하지 못합니다. 아직 어떤 범죄도 저지르지 않았지만 사이코패스라는 이유만으로 누군가를 처벌할 수는 없습니다. 마찬가지로 이런 원리를 로봇에도 적용할 수 있습니다.

Q4 인간은 의사결정을 할 때 대부분의 경우 통계에 의존하고 있습니다. 하지만 이는 기계나 AI가 더 잘할 수도 있습니다. 왜냐하면 빅데이터를 가지고 있기 때문이죠. 그렇다면 AI가 빅브라더라고 볼 수도 있지 않을까요? 또 우리가 누구와 결혼해야 할

지, 무엇을 먹어야 할지 AI가 훨씬 더 잘 알지 않을까요?

✖ 샤키 데이터는 만능 열쇠가 아닙니다. 과거의 데이터에 의존하기 때문에 틀릴 가능성도 늘 있습니다. 만약 과거의 금융데이터로 미래를 충분히 예측할 수 있다면 우리가 이미 이를 활용해서 부자가 되지 않았을까요? 경제 상황이나 증시는 데이터가 있다고 쉽게 예측할 수 있는 것이 아닙니다.

진짜 생각해야 할 문제는, 기계가 인간보다 더 잘 판단할 수 있는 분야가 많다는 사실입니다. 제가 유부남이지만 바람을 피웠다고 가정해 봅시다. 그 여자가 임신을 해서 아기를 낳았습니다. 저는 이미 10대가 된 아이가 셋이나 있습니다. 저는 결정을 해야 합니다. 아내와 아이들을 떠나 바람 피운 상대에게 갈까요? 아니면 AI 시스템에게 결정을 해 달라고 해볼까요? 물론 인간이 내릴 수 있는 결정입니다. 그런데 적어도 기계는 인간보다 솔직한 결론을 내려줄 것 같습니다. 왜냐하면 사람들은 자신에게 유리한 방향으로 정당화하면서 판단을 내리기 때문입니다. 만약 이러한 것이 일상화된다면 인간 생활에 적용되던 규범도 바뀌지 않을까요?

✖ 샤키 저는 스패너에 대해서 이야기를 해보고 싶습니다. 저보다는 스패너가 볼트를 훨씬 잘 돌립니다. 그렇다고 스패너가 저

보다 우월한 것은 아닙니다. 인간이 아닌 기계가 세상을 지배할까봐 두렵다면, 결국은 인간이 무엇을 통제해야 하는지, 무엇을 기계에게 넘기고 무엇을 넘기지 않을지를 결정해야겠지요.

간단히 말씀드리면, 인간의 논리적 사고와 행동은 두 가지 타입으로 나뉘어져 있습니다. 우선, 자동화된 논리가 있습니다. 탁구 치기와 자전거 타기처럼 말입니다. 의도적인 논리도 있습니다. 예를 들어, 범죄자인 여자가 임신 중인데, 이 여성을 감옥에 보내야 하는지, 그것이 태아에게 어떤 영향을 줄 수 있을지를 판단할 수 있습니다. 자동화된 논리는 기계가 잘하지만 의도적인 논리는 인간이 우월합니다.

진행자 우리가 AI를 응원하면 어떤 미래가 펼쳐질까요? 제가 생각하기에 기계를 통해 단순 노동에서 벗어나고, 보다 인간다운 삶을 누릴 수 있도록 더 많은 여가 시간을 얻을 수 있을 것입니다. 바로 그것이 AI의 목표가 아닐까요? 우리를 억압하거나 감시하는 것이 아니라 더 자유롭게 만드는 것 말입니다. 시작하면서 말했듯이, 〈스타워즈〉에 나오는 로봇 알투디투나 씨쓰리피오 같은 로봇을 만들어야 한다고 생각합니다. 터미네이터가 넘치는 세상이 되지 않도록 해야 합니다.

● **캐플런** 동의합니다. 도구가 되어야 합니다. 억압이 되어서는

안 됩니다. 지금 남아프리카공화국의 경우 경찰 로봇과 드론 로봇을 동원해서 자율성을 기반으로 최루탄을 뿌리고 사람을 억압하게 합니다. 그런데 이러한 로봇의 수요를 따라가지 못해 공장을 증설해야 한다는 이야기까지 나오고 있습니다. 또한 미국에서도 법이 통과되어서 드론을 활용해 무기를 사용할 수 있게 되었습니다. 텍사스 주의 한 업체가 개발한 경비 드론을 예로 들어보겠습니다. 이 드론은 상공에 떠있다가 침입자를 발견하면 경찰이 오기 전에 테이저 건을 발사한다고 합니다. 그런데 만약 침입자의 심장이 약하면 어떻게 될까요? 경찰의 테이저 건 사용으로 인해 죽은 사람이 미국에서만 215명입니다. 이런 중요한 결정은 분명 인간이 내려야 합니다. 통제권을 기계에 넘긴다면 당장은 편리하다고 느낄지 몰라도 결국 윤리적·도덕적인 희생이 뒤따를 수밖에 없습니다.

✖ 샤키 지금 노인이나 육아를 돌보는 로봇을 만드는 회사가 한국에만 7개가 있는 것으로 압니다. 기계에게 맡길 부분도 있겠지만 사람이 계속해야 할 부분도 분명히 있습니다. 특히 어린이와 노인, 환자를 돌보는 로봇과 관련해서는 명확한 가이드 라인을 마련해 기계와 인간의 책임을 명확히 하도록 관계당국에 촉구해야 합니다. 더 늦기 전에요.

진행자 자, 이제 마지막 투표만 남았습니다. 모두 동참해주시길 부탁드립니다.

〈3차 투표결과〉

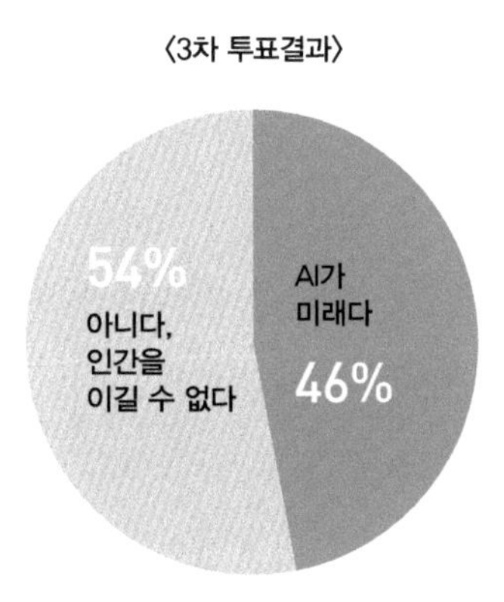

	1차 투표	2차 투표	3차 투표
AI가 미래다	39%	44%	46%
아니다, 인간을 이길 수 없다	61%	56%	54%

4부

꿈
희망
공존

미래를 알 수 있는
가장 좋은 방법

10장

상상하라, 세상이 바뀐다

베르나르 베르베르

《개미》《뇌》《제3인류》 등의 저자

당신의 상상력 덕분에 아이들의 미래에 어떤 좋은 일이 생길 수도 있습니다. 미래에 관해 상상의 나래를 펼쳐야 하는 이유가 바로 여기에 있습니다. 현재의 시스템을 답습해서는 안 됩니다. 계속 과거를 답습한다면 어느 시점에 가서는 벽에 부딪히게 됩니다. 이제 새로운 시스템, 새로운 낙원을 상상하고 발명해야 합니다.

기술보다 상상력이다

어릴 때 저는 모범생은 아니었습니다. 어떤 면에서 보면 외톨이었습니다. 저는 남자 아이보다 여자 아이와 이야기하는 것이 더 편했던 소년이었습니다. 게다가 축구도 좋아하지 않았습니다. 어린 소년으로서는 이런 것들이 적지 않은 문젯거리였습니다. 대신 저는 혼자 앉아서 책 읽기를 즐겼습니다. 책을 읽으면 읽을수록, 저의 상상력도 함께 성장해갔습니다.

제게 학교는 외롭고 비좁은 장소에 지나지 않았지만, 책은 무한한 새로움을 보여주었습니다. 책을 읽을 때 우리는 이미지를 만들어내고, 등장인물들의 목소리를 들으며, 또 책 속에서 등장하는 사건의 배경에 대한 미장센(영화의 한 프레임 내에서 배우 및 세트 디자인의 배열 -편집자)도 보려고 노력합니다. 모든 책은 그 책만의 이미지를 갖고 있습니다. 저는 학교생활을 그리 잘하는 편이 아니었고 친구

베르나르 베르베르 Bernard Werber 톨스토이, 셰익스피어, 헤르만 헤세 등과 함께 한국인이 가장 좋아하는 외국 작가이다. 대학 졸업 후 〈르 누벨 옵세르바퇴르〉에서 저널리스트로 활동하다가 1991년 120번에 가까운 개작을 거친 소설 《개미》를 발표, 전 세계 독자들을 사로잡으며 단숨에 주목받는 대작가로 떠올랐다. 그의 책은 전 세계에서 2천만 부 이상 팔렸고, 30개국의 언어로 번역됐다.

없이 혼자라고 느꼈습니다. 그래서 책을 집어 들었고, 그저 책을 읽을 때 가장 행복하다고 느꼈습니다.

사자는 사냥꾼에게 잡힐 때 무슨 생각을 할까

이야기를 쓰는 것은 책을 읽는 것보다 더 강력한 경험이었습니다. 스스로 등장인물을 만들고, 줄거리와 극적인 사건을 짜고, 그 과정에서 인물에게 행복, 슬픔 등의 감정도 부여할 수 있었습니다. 상상력을 마음껏 발휘해 내 마음대로 통제할 수 있는 여러 개의 꼭두각시 인형을 움직이는 것과 같았습니다.

저는 일곱 살 때부터 이야기를 쓰기 시작했습니다. 제가 처음 썼던 이야기는 곤충, 그러니까 개미에 관한 것이었습니다. 저는 곤충이나 동물에 인격을 부여해서 인간의 관점에서뿐만 아니라 곤충이나 동물의 관점으로도 세상을 바라보고 싶었습니다. 저는 다른 사람과 사물을 더 잘 이해하기 위해 제 자신을 동물과 곤충들 안에 집어넣어 보고 싶었습니다.

애완동물을 기르게 되면 우리는 그 동물을 관찰하게 됩니다. '이 동물이 나에 대해 어떻게 생각할까?' 우리가 실제로 이 질문을 할 때, 우리는 그들 입장에서 생각해보려고 애쓰게 됩니다. 예를 들어, 고양이가 한 마리 있다고 합시다. '내 주인은 무슨 생각을 하는 거지?', '언제 내게 먹이를 줄까?' 이렇게 고양이가 할 만한 질문을 꽤 많이 떠올릴 수 있을 겁니다. 개도 마찬가지입니다.

저는 곤충의 생각 속으로 들어가 보는 것이 무척 즐거웠습니다. 곤충 사진을 찍을 때면 사물에 대한 새로운 시각을 개발하고 있다고 느낍니다. 이렇게 갖게 된 시각은 다양한 경우에 유용하게 활용됩니다. 수업 중에 교수가 무엇을 보고 있는지, 혹은 내가 만나는 사람이 지금 무엇을 보는지 상상하곤 했습니다. 실제 저는 다른 사람의 생각을 이해하기 위해 거의 매일 밤 집 밖으로 산책을 나가곤 합니다. 그 과정에서 새로운 것을 많이 배웁니다. 그 후에 저는 동물과 곤충들에 대한 글을 씁니다. 예컨대 사자는 어떻게 사냥꾼에게 잡히는지, 혹은 사자는 사냥꾼에게 잡힐 때 무슨 생각을 하는지를 상상해보는 겁니다. 다른 사람이나 동물의 입장에서 생각해보면 정말로 다양한 가능성이 있다는 것을 깨닫게 됩니다.

열여섯 살 때 소설《개미》를 쓰기 시작했습니다. 저는 개미가 인류와 마찬가지로 그들만의 거대한 도시에서 살고 있다는 것을 알았습니다. 개미들은 그들의 세상 속에서 어떤 문제에 부닥치게 될지를 질문해 보았습니다. 이 질문을 했을 때, 저는 참으로 많은 답변과 반응을 떠올릴 수 있었고, 개미에 관해 독창적이고 유별난 발상과 깨달음, 지식을 얻을 수 있었습니다.

새, 바퀴벌레, 거미를 관찰해 보세요. 그리고 질문을 던져 보세

“새, 바퀴벌레, 거미를 관찰해 보세요. 그리고 질문해보세요. ‘저 동물은 무슨 생각을 할까?’ 이전에는 이해할 수 없는 수준에까지 올라가 보십시오.”

요. 저 동물은 무슨 생각을 하고 있을까? 최악의 적에 관해, 당신의 직장 상사에 관해, 당신 회사 직원의 가족들에 대해서도 같은 질문을 해볼 수 있습니다. 그들의 눈높이에 당신을 맞추려고 노력해 보십시오. 이전에는 이해할 수 없었던 수준에까지 오를 수 있다면 많은 것을 이해할 수 있게 됩니다. 세상을 관찰하는 능력을 놀라우리만치 향상시킬 수 있습니다. 그런 후 여러 가지 다른 방식으로 이런 독창적이고 별난 시각을 개발하는 습관을 들여 보십시오. 예를 들어, '천사들은 나에 대해 어떻게 생각할까?' 하고 질문해 보십시오. 저는 언제나 정해진 관습의 틀을 벗어나(out of the box) 생각하려고 노력합니다. 독창적이고 별난 시각을 개발하기 위해 인간 세상의 바깥에 관해 생각해 보십시오.

생각 밖 더 큰 세상

한국에서 생긴 일 하나를 이야기해 드리겠습니다. 어떤 모임이 끝날 무렵이었습니다. 기획자가 제게 와서 한 어린 학생과 이야기 좀 나눠 달라고 했습니다. 매우 중요한 일이라고 했습니다. 제가 만난 소녀는 시험에서 떨어질까 겁에 질려 있었고 잔뜩 주눅이 들어 있었습니다. 소녀가 내게 와서 울면서 말했습니다. '자신이 시험을 망쳐버렸기 때문에 더는 살 이유가 없다'고요. 그녀는 고작 16살의 소녀일 뿐이었습니다. 그렇게 작고 어린 소녀가 학교라는 것에 완전히 얽매여 있었습니다.

한국에서 학교는 이제 너무 강력해져서 일종의 감옥, 혹은 우리의 잠재력을 옭아매는 어떤 장소가 되어 버린 것은 아닐까요? 공포 속에서 살아가야 하는 공간이 되어 버린 것은 아닙니까? 우리 스스로 이 감옥에서 자유롭게 풀려나야 합니다. 그렇지 않으면 앞을 내다볼 수도, 더 나아갈 수도 없습니다. 저는 그 소녀를 절망에서 구해내고 위로하기 위한 말들을 찾아냈습니다. 그리고 이렇게 말했습니다.

"세상은 학교보다 훨씬 크고 위대해요. 가까운 숲을 산책하면서 별을 바라보세요. 이 작은 곳에 스스로를 가둬서는 안 돼요. 한 번의 시험 결과 따위는 중요하지 않아요. 스스로에게 가해지는 압박과 스트레스에서 벗어나세요."

그리고 나서 상상력을 활용하는 방법을 잠깐 일러 주었습니다.

"당신의 심장에 집중하고, 심호흡을 한번 해봅시다."

실제로 나는 그녀에게 숨을 크게 들이쉬고 내쉬라고 말해줬습니다. 이제 새롭고 특별한 삶을 살게 될 것처럼 호흡을 해보자고 했습니다. 본인 스스로의 상상력을 사용해서 모든 일에 성공하게 될 미래 속으로 스스로를 들여보내라고 했습니다. 이처럼 상상력을 통해 누구나 나이를 뛰어 넘어 미래의 어떤 전환점까지 생각을 확장시킬 수 있습니다. 그 소녀는 제가 무슨 말을 하고 있는지 알 것 같다고 했습니다. 심장의 박동을 느끼도록 노력하겠다고 했습니다.

또 저는 해결할 수 없는 문제에 부닥치면 있던 장소를 바꿔보라고도 얘기해줬습니다. 우리가 맞닥뜨리는 대부분의 문제는 지리적 이동에 의해 해결할 수 있습니다. 다른 장소로 가면 상황을 바꿀 수 있습니다. 한국 바깥의 다른 어떤 곳으로 가보십시오. 한국 내에서 풀리지 않던 문제가 풀릴 수도 있습니다. 더는 움직일 수 없는 곳에 틀어박혀 옴짝달싹 못하는 상태로 있어선 안 됩니다.

다른 사람들이 나를 뭐라고 보던 간에

스물여덟 살에 소설가가 된 뒤, 저는 꿈의 내용을 기록하면서 상상력을 개발하는 습관을 들였습니다. 꿈이란 매일 우리가 받는 작은 메시지라고 할 수 있습니다. 꿈은 매우 재미있습니다. 무의식이라는 당신 안의 작가가 만들어낸 작지만 매우 독창적인 이야기가, 매일 당신에게 배달되는 것이나 마찬가지입니다. 당신과 똑같은 꿈을 꾸는 사람은 세상 어디에도 없습니다. 문제에 대한 해법을 찾고자 할 때, 정해진 틀과 현재의 환경을 벗어나 생각하고자 할 때, 꿈이 도움이 될 수 있습니다. 꿈을 꾸는 동안은 자유로우며 그 누구도 간섭하거나 무언가를 조작하지 못합니다. 우리가 꿈을 꾼다면 우리 자신의 상상력을 더욱더 개발할 수 있습니다. 꿈꾸지 않는다 해도 다른 사람의 생각에 대해 계속 상상해보다 보면 그 사람을 더 깊이 이해할 수 있습니다.

물론 아이디어와 생각만으로 특정 직업을 가질 수는 없습니다. 저는 제가 좋아하는 생각하기와 상상하기를 직업으로 삼을 수 있었던 행복한 경우입니다. 하지만 우리가 더 많이 꿈을 꾼다면 더 쉽게 독창적인 아이디어들을 찾아낼 수 있고 더 자유로워질 수 있습니다. 용기를 내서 바깥세상으로 나가십시오. 꿈을 기록하십시오.

무엇보다도 다른 사람들이 자기들 마음대로 당신을 판단하는 걸 두려워하지 마십시오. 우리를 불행하게 만드는 커다란 원인 중의 하나가 다른 사람들이 우리를 어리석다거나 다른 여러 가지로 판단하는 것에 대한 두려움입니다. 제 경우에도 다른 사람들의 판단에 신경 쓰지 않고 내 자신을 자유롭게 하는 데 많은 시간이 걸렸습니다. 하지만 일단 한번 나만의 길을 가기로 결심하자 재미있는 일이 많이 일어났습니다. 실제로 내가 개미에 대해 쓰기 시작했을 때, 내 친구들은 모두 개미가 재미없다고들 했습니다. 20대에 소설을 쓰기 시작하면서 나는 내가 가진 풍부하고 독창적인 아이디어를 소설에 모두 녹여 넣겠다고 생각했습니다. 그리고 12년간의 오랜 글쓰기 끝에 저는 저의 상상력을 온전히 '봉인 해제'할 수 있었습니다.

당신의 꿈에 애착을 갖고 끝까지 밀어붙여 보면 분명히 과거와는 다른 새로운 세상이 열릴 것입니다.

가능성의 나무

인간과 컴퓨터가 체스 게임으로 대결했던 적이 있습니다. 매우 유명한 경기였고, 그 결과에 대한 충격도 컸습니다. 결과적으로 컴퓨터가 인간을 이겼고 사람들은 그것은 기계가 우리 인간보다 더 뛰어나다는 것을 의미한다고 생각했습니다. 체스를 두는 컴퓨터는 게임 자체를 시뮬레이션 합니다. 체스 게임을 한번 상상해 보십시오. 보통은 체스 한 판을 두는 동안 서너 가지의 시나리오를 여덟 번쯤 머릿속에 그려본다고 합니다. 마치 컴퓨터와 탁구 게임을 하듯 체스의 수를 주고받게 됩니다. 인간의 사고는 이런 식으로 작동합니다. 하지만 컴퓨터는 가능한 모든 시나리오를 시뮬레이션 합니다. 100가지가 넘는 시나리오가 있을 수도 있습니다. 컴퓨터는 한정된 체스판 위에서 벌어질 수 있는 모든 가능성을 계산하고 있습니다. 컴퓨터는 체스판 위의 모든 수를 계산할 수 있고 인간보다 더 많은 가능성을 상상하는 것입니다.

이러한 사실을 알게 된 뒤 저는 체스 게임이 아닌 다른 곳에도 이러한 시나리오를 적용해 볼 수도 있겠다는 생각을 했습니다. 컴퓨터와 비슷한 메커니즘으로 또 다른 사회제도를 상상해보는 일입니다. 만약 교육 수준이 높아지고 기술이 발전할수록 전쟁 발발의 가능성이 높아진다는 결론이 도출된다면 컴퓨터는 어떤 대응책을 제시할까요? 내가 이렇게 행동을 하면 상대방은 저렇게 반응할 것이라고 미리 예상하는 완벽한 정치제도를 생각해볼 수도 있습니다. 이런 생각을 바탕으로 저는 '가능성의 나무'를 썼습니다. 시작은 짧은 이야기였지만 모든 요소를 고려하기로 했습니다. 정치, 생태, 인구 등등 모든 걸 뒤섞었습니다. 이런 요소들이 서로 어떤 상호작용을 일으키는지 컴퓨터 전문가와 함께 시뮬레이션 했습니다. 우선 제가 이 아이디어를 토대로 짧은 이야기를 썼고 '가능성의 나무'라는 웹사이트도 만들었습니다. 이 사이트에 방문하는 사람들은 단기 혹은 장기에 걸친 자신만의 시나리오를 제안할 수 있습니다. 200만 명이 넘는 사람들이 방문했고, 8개의 가능성의 나무를 열어 모든 이들을 과학소설 집필에 참여하는 작가로 초대했습니다.

시작은 하나의 독창적인 아이디어였습니다. 이 아이디어의 나무가 곧 800만 종의 새로운 아이디어로 가지를 뻗었습니다. 하지만 '가능성의 나무'에 참여한 사람들은 작가이거나 문학도가 아닙니다. 새로운 아이디어를 생각해내고, 아이디어가 떠오를 때 내치지 않고, 동료나 다른 사람의 눈총을 두려워하지 않는 평범한 사람이었을 뿐입니다.

"당신의 꿈에 애착을 갖고 끝까지 밀어붙여 보면 분명 과거와는 다른 새로운 세상이 열릴 것입니다."

미래를 알 수 있는 가장 좋은 방법

미래가 궁금한가요? 미래를 알 수 있는 가장 좋은 방법은 바로 스스로 그 미래를 창조하는 것입니다.

에이브러햄 링컨은 '새로운 아이디어에는 무한한 잠재적 가치가 있다. 당신이 새로운 아이디어를 하나 갖고 있다면, 미래를 창조할 수 있다'고 말했습니다. 꼭 엔지니어나 정치가, 철학자가 될 필요는 없습니다. 학위나 자격증이 필요한 것도 아닙니다. 구글을 만든 사람들은 어땠습니까? 그들은 새로운 시스템을 창조하겠다는 단 하나의 아이디어를 갖고 있었습니다. 아이디어가 있고 실행하겠다는 의지가 있다면 다음 걸음을 내딛기 전에 이미 많은 것을 가질 수 있습니다. 예컨대, 저는 소설과 개미를 결합시켰습니다. 모든 새로운 발명과 발견에는 대부분 핵심이 되는 아이디어가 있습니다. 아마도 무척 흥미로울 것입니다. 미래에 관한 생각의 게임입니다. 아인슈타인은 '양초를 만들지 않더라도 빛을 발명해낼 수 있다'고 말했습니다. 진보하기 위해 현재의 시스템을 반복하는 것은 쓸데없는 짓입니다. 진보하기 위해서는 새로운 아이디어, 패러다임, 시스템을 고안해야 합니다. 그것이 가능하다면 진보는 더욱 빨라질 수 있습니다.

지금 우리가 가진 것은 모두 우리 조상의 생각으로부터 나온 것입니다. 누군가의 상상력 덕분입니다. 바로 그 누군가의 상상력 덕에 지금 저를 비추는 카메라도 존재하고 이 자리도 존재합니다. 모든 것은 누군가의 생각에서 비롯됐습니다. 누군가 새로운 아이디어를 제시한다면 한번 시도해 봅시다. 당신의 상상력 덕분에 아이들의 미래에 어떤 좋은 일이 생길 수도 있습니다. 미래에 관해 상상의 나래를 펼쳐야 하는 이유가 바로 여기에 있습니다. 현재의 시스템을 답습해서는 안 됩니다.

혁명이란 원점으로 돌아가 생각하는 일

우리 아이들, 그 아이들의 아이들이 살게 될 미래에 이상적 삶이란 어떤 것일까요? 저는 책을 쓸 때마다 어떤 미래에 관한 비전을 제시하려고 노력합니다.

가장 최근작 《제3인류》에서 저는 우리가 살고 있는 행성 지구에 관해 다시 생각하면서 미래에 대한 비전을 제시했습니다. 전 한번 상상해 봤습니다. 미래에 일어날 재앙을 미리 막아내기 위해 손자들과 만난다면 어떨까요? 정치인을 포함해 미래에 관한 아이디어를 내고 프로젝트를 수행할 사람들이 모두 함께 모이는 모습을 그려봤습니다. 단기간이 아니라 100년 혹은 200년 너머를 내다보는 비전이라면 미래에 대해 어떤 것을 제안할 수 있을까요? 사회적으로 매우 복잡한 상황도 고려해야 합니다. 예를 들어, 한국 사회의 100년 후 모습은 이전 세대 조상들이 치른 희생 위에 만들어졌습니다. 우리가 부모 세대의 세상보다 더 나은 세상에 살게 된 것은 실제로 부모님의 덕이라고 생각합니다. 한국의 부모 세대도 그런 선택을 했고 저는 이것이 매우 합리적이며 올바른 선택이었다고 봅니다. 여러분의 정치 지도자 중 누군가는 여러분 손자 세대까지 생각하는 비전을 갖고 있어야 합니다.

선조들로부터 지금의 사회를 물려받은 우리가 해야 할 일이 있습니다. 바로 후손을 위한 미래의 비전을 세우고, 이상적 미래를 쟁취하기 위한 방법을 제안하는 것입니다. 우리의 선조들이 우리를 위해 한 바로 그 일입니다.

미래는 혁명을 통해서가 아니라 진화하며 다가옵니다. 삶의 질과 사회와 정치를 향상시키고 싶은 사람은 누구나 이 세계의 진화에 관해 생각해야 합니다. 혁명이란 어쩌면 과거로 돌아가는 것이며, 출발점으로부터 다시 시작하는 일입니다. 그렇게 되면 도돌이를 반복하는 순환 주기가 생겨납니다. '아랍의 봄'을 생각해 봅시다. 민주화와 더 나은 삶을 위해 아랍 사람들이 피를 흘렸고 혁명이 진행되는 것을 보았지만, 세계는 다시 출발점으로 되돌아오고 말았습니다. 미래에 대한 비전이 없었기 때문입니다. 자신들만의 독창적인 아이디어를 제시할 만한 상상력을 지닌 지도자가 없었기 때문입니다. 과거의 사회 체제가 같은 문제를 반복하면서도 지속되는 이유도 여기에 있습니다.

무한 소비와 환경 파괴의 자본주의는 곧 종착역에 이를 것

미래에 여성이 더 큰 역할을 하게 되는 것은 당연하며 또 피할 수 없는 현실이라고 생각합니다. 한국의 미래 역시 더욱 여성적인 특성이 강화될 것이며, 또한 환경과 자연과 조화를 이루는 방향으로 나아갈 것입니다. 소비상품을 생산하기 위해 환경을 파괴하는 세계에서 살아가는 일은 지속가능하지 않습니다.

현재의 자본주의는 아마도 머지않아 종착역에 다다를 것이며, 보다 색다른 방향으로 가기 위해 새로운 무언가를 고안해내야 할 겁니다. 우리는 신기술과 인공지능의 발달에 관해 논의하고 자연환경과 우리의 관계를 새롭게 해야 합니다. 또한 인류가 살고 있는 지구라는 행성, 그리고 다음 세대와의 새로운 관계에도 집중해야 합니다. 이상적으로 말한다면 유엔과 유사한 형태의 기구가 만들어져 다음 세대들이 마실 물을 확보하고 정상적인 삶을 영위하며 전쟁을 겪지 않도록 투표하고 결정할 수 있도록 하면 어떨까 생각해 봅니다. 다음 세대뿐만 아니라 지구 행성을 대표하는, 오직 지구만을 위해 발언할 수 있는 무언가도 필요합니다. 인공지능의 이익을 대변하는 무언가도 필요하다고 생각해 볼 수 있습니다. 어쩌면 인공지능을 통해서 지금의 종교와 관련해 우리가 직면하고 있는 도전들을 해결할 수 있을지도 모릅니다.

지금까지 말씀드린 것은 모두 저의 상상 속에서 나왔습니다. 여러분 역시 여러분만의 아이디어를 내고 풍성하게 할 수 있는 잠재력을 가지고 있습니다. 다양한 사람들의 영혼이 조우하는 이런 형태의 만남을 통해 아이디어의 교류가 이뤄진다면, 궁극적으로는 많은 아이디어들이 거대한 나무로 자라나고 꽃이 만발하리라 생각합니다.

11장

로봇의 시대, 인간이 설 자리는 어디인가

마틴 포드
컴퓨터 설계 및 소프트웨어 개발 분야 전문가,
《로봇의 부상》 저자

노엘 샤키
셰필드대학 교수

이제 인류는 인공지능과 로봇이라는 새로운 상상력과 마주하고 있습니다. 그러나 문제는 이 새로운 시대가 유토피아도 될 수 있지만, 디스토피아도 될 수 있다는 점입니다. 특히 그것이 가져올 파괴력이 너무나 큽니다. 우리는 인류 미래에 대한 신중한 선택을 해야 하는 시점에 서 있습니다.

마틴 포드

로봇 때문에 일자리가 사라져도 생존할 수 있는 사회

오늘날 로봇 보급률은 그리 높지 않습니다. 산업용 로봇이 제조업에 소개된 지 수십 년이 지났지만 전 세계 제조업 공정의 10퍼센트만을 로봇이 수행하고 있을 뿐입니다. 이유는 두 가지입니다. 하나는 경제성의 문제, 두 번째는 능력의 문제입니다. 여전히 많은 국가에서 사람을 고용하는 것이 로봇을 활용하는 것보다 비용이 더 적게 든다고 생각합니다. 또 사람에 비해 로봇이 할 수 있는 능력이 제한적이라고 여기고 있습니다. 바로 이런 이유들 때문에 제조업에서 로봇의 활용도 역시 제한적일 수박에 없었습니다.

그럼에도 많은 학자와 전문가들이 '이제 진정한 로봇 혁명이 올 것이다'라고 예견하고 있습니다. 앞으로는 많은 산업에서 로봇에 투자해 막대한 수익을 올릴 것이기 때문입니다. 향후 제조업 분야에서 로봇의 활용률은 해마다 10퍼센트씩 올라가 2025년에는 20

마틴 포드 Martin Ford 소프트웨어 개발 기업의 설립자로, 컴퓨터 설계와 소프트웨어 개발 분야에서 25년 이상 일해 왔다. 《로봇의 부상》(2015년)은 예측 가능하고 반복적인 일은 대부분 인공지능과 로봇이 대신할 것이라는 묵시록적 전망으로 세계에 충격을 던졌다. 이 책은 2015년 뉴욕타임스, 포브스 등이 선정하는 '올해의 경영서', '주목할 만한 과학기술서' 상을 휩쓸었다.

퍼센트, 특정 업종에서는 40퍼센트에까지 이를 것으로 보고 있습니다. 특히 제조업에 강하면서 노동력이 비싼 국가들, 이른바 미국과 일본, 영국, 한국 같은 국가에서 더욱 많은 로봇이 활용될 것으로 보입니다.

거대한 파괴가 눈앞에 와 있다

실제 미국을 살펴 보면 이러한 현상이 더욱 분명해지고 있습니다. 전형적인 미국 노동자의 시급과 생산성을 비교해보면 1970년대까지는 시급과 생산성이 똑같이 움직이고 있습니다. 이 말은 곧 기술이 발달하면서 노동 효율성이 올라가기 때문에 시간당 더 많은 생산이 가능했고 노동자 역시 더 많은 시급을 받을 수 있었다는 말입니다. 문제는 1973년부터 이러한 상황에 제동이 걸리기 시작했다는 점입니다. 기계가 혁신을 거듭하면서 생산성이 급격히 증가하게 된 것입니다.

과거 노동자에게 기계는 자신의 노동 가치를 높이는 방편으로 활용되었습니다. 그러나 지금은 노동자의 능력을 넘어서서 빠르게 자동화되고 있습니다. 기계는 사람과는 비교할 수 없는 속도로 더욱 무거운 것을 들어서 옮길 수 있고 허리가 아프다고 쉬지도 않습니다. 몸에 문제가 생겼다고 보험금을 챙겨가지도 않습니다. 향후 이러한 로봇의 활용을 통해서 제조업 생산 비용 가운데 임금 비용이 약 33퍼센트 정도 절감될 것으로 예상됩니다. 국가 경쟁력이 높아진다는 점에서는 환영할 만한 일이지만, 로봇이 인간을 지배하고 인간의 일자리를 빼앗지 않을까 하는 두려움이 있는 것도 사실입니다.

그렇다면 로봇은 우리 경제와 일자리에 어떤 영향을 미칠까요? 지금 우리는 '파괴적 혁신이 바로 눈 앞에 와 있다'고 말할 수 있습니다. 저는 SF 영화에 나오는 로봇이 지배하는 시대가 왔다고 말하는 것이 아닙니다. 머신러닝이라는 차원에서 보면 로봇은 점점 더 개선되고 있습니다. 반복적인 업무, 예상 가능한 업무는 가까운 미래에 상당한 수준까지 자동화되리라고 어렵잖게 예상할 수 있습니다.

이런 예측에 대해 쉽사리 동의하지 않는 이들도 많습니다. 어떤 사람은 '많은 일자리가 사라지겠지만, 또 동시에 많은 일자리가 생겨나지도 않겠냐?'고 합니다. 물론 충분히 가능한 예측입니다. 실제로 과거에는 웹사이트 디자이너, SNS 마케터, 데이터 분석가라는 직업은 존재하지도 않았습니다. 이러한 사실만 보면 새로운 시대에는 더 많은 직업이 생겨나리라 예견할 수도 있습니다. 하지만 그렇게 생겨난 일자리의 양이 얼마나 될까요? 새로운 직업과 일자리가 생기기야 하겠지만, '아주 많이 생겨날 것이다'라고 단언할 수는 없습니다.

"향후 제조업 분야에서 로봇의 활용률은 2025년에는 20퍼센트,
특정 업종에서는 40퍼센트에까지 이를 것으로 보입니다."

현재 미국 전체의 고용 현황을 보면 90퍼센트의 일자리는 이미 100년 전부터 있었습니다. 운전사, 공장노동자, 사무직원 등이 모두 그렇습니다. 지금도 여전히 대다수의 사람이 이러한 전통적인 직업에 종사하고 있습니다. 어쩌면 새롭게 창출되는 직업은 굉장히 높은 수준의 교육과 지능을 요구하기 때문에 과거 패스트푸드점 노동자나 택시운전사가 감당할 수 없는 일자리일 수도 있습니다. '많은 일자리가 사라지겠지만, 또 동시에 많은 일자리가 생겨나지 않겠냐'는 생각은 그래서 합리적이지 않습니다. 100개의 일자리가 사라져도 새로 생겨나는 일자리는 10개 밖에 없을 수도 있습니다.

일자리 없어도 생존할 수 있는 사회 만들어야

그렇다면 사람들의 재교육 문제는 어떻게 접근해야 할까요? 과거의 일자리가 사라지고 새로운 일자리가 등장하는 게 기정사실이라면 서둘러 사람들을 교육시키고 그에 맞는 업무에 투입시키면 되지 않겠습니까. 로봇에게 거칠고 힘든 일을 맡기고 우리는 사람들을 교육시켜 더 편안하고 안전한 환경에서 일할 수 있도록 하면 되지 않을까요. 하지만 이 역시 비현실적인 제안입니다. 〈월스트리트저널〉 기사에 나온 '화이트칼라의 자동화를 보여주는 도표'를 보면 미국 최대 기업들의 재무 부서에서 일하는 사람의 숫자가 점점 줄고 있습니다. 회계, 재무 등 전형적인 화이트칼라 근로자의 수가 지난 10년 동안 약 40퍼센트 가량 줄었습니다. 사무직 근로자의 반복 업무를 대신 해낼 수 있는 여러 가지 똑똑한 소프트웨어가 출현하면서 생긴 결과입니다.

다양한 지식 기반의 일자리라고 생각되던 것들도 로봇에 의해 대체되고 있습니다. 심지어 언론에서도 로봇이나 소프트웨어가 데이터를 취합하고 특정한 프로그램을 통해서 새로운 뉴스거리와 이야기를 생성할 수 있습니다. 법조계도 마찬가지입니다. 여러 가지 자료와 문서, 법령을 검토하는 일을 이제는 정교하게 설계된 프로그램이 대신하고 있습니다. 뉴욕 월가에서는 컴퓨터를 통한 증권 거래가 늘면서 2000년 이후 금융기관 일자리가 30퍼센트나 증발했습니다. 단순히 '교육을 통해서 일자리 문제를 해결하자'는 제안은 별 효과가 없을 수 있습니다.

로봇 시대, 가장 중요한 화두는 '분배'

우리는 전혀 다른 차원의 해법을 생각해야 합니다. 우리 모두가 생존할 수 있는 사회, 일자리가 없어도 생존할 수 있는 사회를 만들어야 합니다. 예를 들면, 10~20년 안에 모두가 받는 '보편 소득'이라든지 혹은 '보편 최저 임금' 도입 문제를 심각하고 진지하게 고려하게 될 것입니다. 로봇이 일을 대체할 때 생기는 여가 시간을 어떻게 활용할까에 대한 대책도 있어야 합니다. 또한 지속적인 교육에 따른 인센티브도 생각해야 합니다. 일례로, 평생교육을 통해 더 나은 능력을 갖고자 노력하는 사람에게는 그에 맞는 인센티브를 주어서 더 생산적이 되도록 독려한다면 어떨까요? 물론 이럴 경우에도 소득 불평등의 문제는 계속 불거질 것입니다.

앞에서 언급했듯이 생산성은 오르는데 임금 비용은 제자리 걸음이거나 줄어드는 경우, 과연 이때 발생하는 추가적인 수익을 누가 가져가느냐 역시 매우 중대한 문제입니다. 많은 경우 임원이나 사주 등 상위층에 있는 사람이 가져가는 게 사실입니다. 미국의 경우 제2차 세계대전 이후에는 모든 사람이 이를 나눴기 때문에 많은 중산층이 생겨날 수 있었고 국가적으로도 대규모의 번영을 누릴 수 있었습니다. 앞으로 로봇의 등장과 함께 이러한 불평등의 문제가 더욱 첨예하게 대두될 것입니다. 따라서 수익을 공정하게 분배하는 방법에 대해 논의할 필요가 있습니다. 보다 강한 사회안전망을 만들어서 이러한 약점을 보완해야 합니다. 예컨대, 사람들에게 보편적 최저 임금 같은 것을 주면서 이 돈을 자유경제 시스템에서 활용할 수 있도록 하는 건 어떨까요? 이러한 분배의 문제는 '로봇의 미래'에 있어서 매우 중요한 화두임이 분명합니다.

The 7th
ASIAN
LEADERSHIP
CONFERENCE
TV
CHOSUN

로봇에게 받고 싶지 않은 서비스

PC가 도입되던 1980년 당시에 저는 여기저기서 많은 강연 요청을 받았습니다. 'PC가 인간의 일자리를 대체하지 않을까?'하는 우려가 컸기 때문입니다. 저는 '물론 PC가 우리의 일을 대체하겠지만 그만큼 새로운 일자리가 생길 것이다'라고 말했었습니다. 그리고 실제로 그러한 예상이 들어맞기도 했습니다. 당시 인쇄업에 종사했던 제 사촌은 일자리를 잃었지만, 이후 IT업계에서 20년 동안 일했습니다. 어떻게 보면 일자리를 잃은 것이지만 더 나은 상황으로 갈 수 있는 기회이기도 했습니다. 하지만 로봇 시대는 이제까지와는 전혀 다른 양상을 불러올 수 있습니다. 로봇이 우리의 일을 아예 완전히 대신할 수 있기 때문입니다.

실제 로봇 산업은 지난 5년간 급격하게 성장했습니다. 석유산업, 전자제품, 화학업계에서 사용되는 산업용 로봇은 2018년까지 두

노엘 샤키 Noel Sharkey 셰필드대학 인공지능 · 로봇공학과 명예교수이다. 꾸준한 기고 활동과 방송 출연을 통해 로봇에 대한 지식 확산에 힘쓰는 한편, 군사 · 육아 · 노인 부양 · 의료 · 출입국 관리 분야에서의 로봇 활용법 연구에 주력하고 있다. 국제로봇무기제어위원회(ICRAC) 위원장직도 맡고 있다. 신경 컴퓨팅, 기계 학습, 유전 연산법 연구 분야에도 정통하다.

배로 늘 것입니다. 그러나 우리에게 더 중요한 것은 산업용 로봇이 아닌 서비스용 로봇입니다. 최근 가정용 로봇이 470만 대나 판매되었습니다. 또한 '노인 돌보미 로봇'도 각광받고 있습니다. 지난 2014년에만 노인 돌보미 로봇의 숫자가 542퍼센트 폭증했습니다. 54.2퍼센트가 아닙니다. 무려 542퍼센트입니다. 그만큼 많은 일자리가 로봇으로 대체되고 있다는 말입니다.

캘리포니아의 경우 버거를 만드는 로봇이 등장했습니다. 단순히 패티를 뒤집는 일을 하는 것이 아닙니다. 생고기를 잘라서 패티를 굽고 햄버거를 만든 다음에 서빙까지 하는 로봇입니다. 이 로봇 사용이 늘면 수백만 개의 일자리가 사라질 것입니다. 대학생 알바, 저숙련 노동자가 1차 대상이 될 겁니다. 호주에는 이미 자율주행 트럭이 자동화된 기계를 사용해 광물을 운반하고 있습니다. 미국에 있는 350만 명의 전문 운전사가 서서히 일자리를 잃을지도 모르는 우울한 미래의 전주곡 같습니다.

결론적으로, 예측이 가능하고 반복적인 일은 자동화될 가능성이 매우 높습니다. 반면 고숙련도를 요구하는 창의적인 일자리가 생겨나겠지만 문제는 일자리의 전체 균형이 깨진다는 사실입니다. 저숙련자의 일자리는 대량으로 사라지고 고숙련자를 위한 일부의 일자리만 생겨나면 일자리 균형을 맞추는 일은 갈수록 더 어려워지게 됩니다.

로봇이 해서는 안 되는 일

하지만 우리는 이 시점에서 기계가 해서는 안 되는 일자리도 생각해볼 수 있습니다. 굳이 간병이나 간호 영역에까지 로봇을 도입할 필요가 있을까요? 지금 한국이나 중국에서는 아동 돌보미 로봇을 개발하자는 이야기가 나오는 것으로 알고 있습니다. 여기서 과연 로봇이 교육적 역할을 할 수 있을까 라는 질문에 이르게 됩니다. 제 개인적으로는 상당히 나쁜 역할 모델이 되지 않을까 생각합니다. 아이들에게 애착 장애가 생길지도 모른다는 염려도 생깁니다. 애초에 비관적으로 예단할 필요는 없지만, 특정 분야에서 로봇의 역할과 기능은 한계가 있을 수 있다는 말입니다.

설사 로봇을 좋아하는 사람이더라도 우리의 일상 전체가 자동화되는 것은 찬성하지 않을 수 있습니다. 저는 호텔 바에서 로봇이 서빙한다면 못마땅할 것 같습니다. 택시를 타더라도 로봇이 아니라 운전수와 이야기하고 싶습니다. 이러한 바람은 매우 인간적인 것이고 또한 정당한 것이라고 생각합니다. 로봇이 할 수 있지만 인간이 그것을 원하지 않을 수 있습니다.

로봇으로 완전히 대체되지 않는 직종도 분명 있을 것입니다. 물론 로봇학은 사라지지 않을 것이고 판사 등 고도의 판단을 해야 하는 직종도 사라지지 않을 것입니다. 더 나아가 로봇의 수리 및 보수를 담당하는 기술직도 살아남으리라고 생각합니다. 아무리 기술이 발전해도 완전 무결점의 로봇을 만드는 일은 불가능할 것이며 또한 로봇이라는 것이 생각 외로 고장이 잘 날 수도 있기 때문입니다.

학습능력 배양이 미래 교육의 핵심

미래의 일자리, 그리고 로봇이라는 주제에서 우리가 또 하나 생각해야 할 것은 바로 '아이들의 교육'입니다. 일자리가 사라지고 세상이 달라지면 아이들은 대체 어떤 교육을 받아야 할까요? 또 무슨 능력을 키워야 할까요? 이러한 인공지능과 로봇 시대에 대응하는 가장 중요한 교육적 방향은 바로 '학습능력을 키우는 것'이라고 생각합니다.

특히 근본적으로 기계가 대체할 수 있는 일자리를 위해 교육을 받거나 훈련을 쌓을 필요는 전혀 없습니다. 쉽게 말해, 의사와 같은 직종에서도 일부는 로봇으로 대체될 것입니다. 따라서 유연하고 창의적인 사고와 태도가 매우 중요하며 평생 학습할 수 있는 능력이 선호될 것입니다.

이제까지의 교육 방식, 일하는 방식을 바꾸지 않으면 미래에 우리가 할 수 있는 일이 없을지도 모릅니다. 심지어 창의적이 되기 위해서 지금까지 해왔던 모든 것을 다 내려놓아야 할지도 모릅니다.

"인공지능과 로봇 시대의 교육 방향은
바로 '학습능력을 키우는 것'입니다."

앞으로 하버드, MIT를 나와서도 평생 한 직장에 다니는 일은 있을 수 없습니다. 세계 최고의 대학을 나왔다는 것보다 더 중요한 것은 학습능력을 키우는 것입니다. 또한 세상의 기회는 순식간에 왔다가 순식간에 사라지기 때문에 그 기회를 붙잡고 적응하는 능력도 중요하다는 것을 기억하십시오.

12장

패자를 초대해서 함께 걸을 수 있습니까

조코 위도도

인도네시아 대통령

우리는 기술과 사업의 영역에서는 충분한 혁신을 이뤘습니다. 이제는 사회적 관행과 정부의 사고, 철학에 대한 혁신이 필요한 때입니다. 또한 혁신의 승자들이 패자들에게 신경 쓸 수 있게끔 하는 혁신도 필요합니다.

함께 갑시다

저는 13년 전 자바 중심부의 작은 도시 '솔로'라고 불리는 중소도시의 시장으로 정치에 입문했습니다. 이곳은 한국으로 치면 대전과 비슷한 규모입니다. 제가 좋아하는 것 중 하나는 걸어 다니는 것인데, 시장이 된 후 저는 걷고 또 걸었습니다. 걸어 다니면서 많은 것을 배우고 깨달았습니다.

솔로 시의 문제점 중 하나는 공원에 불법 노점상이 너무 많았다는 것입니다. 거리를 막고, 교통체증을 유발하고, 쓰레기도 양산합니다. 한마디로 악명을 떨쳤다고 해도 과언이 아닙니다. 전임 시장들이 이 문제를 해결하기 위해 백방으로 노력했지만 노점상을 옮기려 할 때마다 폭동이나 시위가 일어났습니다. 모두가 저에게 안된다고 얘기했습니다. 저는 불법 노점상들을 직접 만나고 또 만났습니다. 50번이 넘게 만났던 것 같습니다. 그들과 아침·점심·저녁

조코 위도도 Joko Widodo 현재 인도네시아의 제7대 대통령이다. 2005년부터 2012년까지 수라카르타 시장을 거쳐 2012년에 수도 자카르타 주지사에 당선되어 2014년까지 재직하였다. 군 경력이 전혀 없는 최초의 민간인 대통령이자 군 엘리트들이 독점하던 인도네시아 대통령직에 오른 최초의 '서민 대통령'으로 기록된다.

식사도 함께했습니다. 결국 7개월이 지난 뒤 그들은 장소를 옮겨가기로 결정했습니다. 오늘날 솔로 시 공원은 시원한 공간을 확보해 쾌적해졌고 가족과 아이들, 연인이 함께 즐길 수 있는 모두의 공간이 됐습니다.

걷고 또 걷고 만나고 또 만나고

4년 뒤 저는 인도네시아 수도 자카르타의 주지사가 됐습니다. 자카르타는 솔로보다 더 컸고 그만큼 안고 있는 문제도 더 많았습니다. 저는 이곳에서도 걷고 또 걸었습니다. 문제에 대한 답은 비슷했습니다. 당시 가장 큰 문제 중의 하나는 14년 간 해결되지 않았던 자카르타 외곽 순환도로 프로젝트였습니다. 14년간 90퍼센트가 완공됐지만, 나머지 10퍼센트가 완성되지 않았던 것입니다. 외곽 순환선 완공을 위해 꼭 필요한 땅에 144가구가 살고 있었는데, 이들이 이주를 거부하고 있었습니다.

저는 그곳에 가서 사람들과 얘기를 나눴습니다. 이번에는 6번 정도 만나서 해결했습니다. 제가 어떻게 일을 하는지 그분들이 잘 알고 있었기 때문에 솔로에서처럼 여러 번 만나지 않아도 합의에 이를 수 있었습니다. 몇 개월 후 이분들이 이주에 합의했고, 자카르타 외곽 순환도로는 완성됐습니다. 저는 이걸 '브루스칸blusukan'이라

"외모와 성격, 승자와 패자의
운명도 다양성의 범주에
포함되어야 합니다.
우리 모두 함께 갑시다."

고 부릅니다. 걸어 다니면서 관리하는 것을 의미하는 '도보 관리'라는 뜻이지요.

그로부터 3년 뒤 저는 인도네시아 대통령으로 당선됐습니다. 이제 저는 더 이상 걷지 않습니다. 이제 저는 날아 다닙니다. 걷고 싶지만 인도네시아가 워낙 크기 때문입니다. 서쪽에서 동쪽까지 가는 거리는 런던에서 두바이만큼 혹은 LA에서 뉴욕만큼이나 멉니다. 영토의 3분의 2가 바다이기도 합니다. 1만 7천 개 이상의 섬으로 이루어져 있고, 전 세계에서 가장 큰 해양 경제 구역을 갖고 있습니다. 인구는 2억 5200만 명으로 세계에서 4번째로 많고, 무슬림 인구가 2억 1500만 명으로 세계에서 가장 큰 무슬림 국가입니다.

초대해서 함께 걸을 수 있어야 한다

저는 조선일보가 2016년 '아시안 리더십 콘퍼런스'의 주제를 '혁신'으로 정한 것이 매우 시의적절했다고 생각합니다. 현재 우리는 로봇, 인공지능, 유전공학, 3D프린팅 등이 발전하는 이례적인 혁신의 시대에 살고 있습니다. 동시에 한편으로는 전례 없는 불안정한 시대에 살고 있습니다. 소득 불평등이 치솟고 있고 전 세계적으로 안보 위협이 증가하고 있습니다. 세계 경제도 힘이 많이 빠졌고 경기 회복도 취약합니다.

우리는 혁신이 승자와 패자를 가른다는 것을 인정해야 합니다. 혁신을 통해 더 크게 이기는 승자와 더 크게 지는 패자가 나올 것입니다. 정상과 바닥 사이의 간극이 더 큰 불평등을 불러오고 있습니다. 크게 실패한 패자들은 절망하면서 수치심과 분노를 느낍니다. 이들은 급진주의로 가게 되고 폭력을 일으킵니다. 불평등과 폭력은 불안감을 조성하고, 결국 세계 경제의 신뢰를 훼손할 것입니다. 우리는 기술과 사업의 영역에서는 충분한 혁신을 이뤘습니다. 이제는 사회적 관행과 정부의 사고, 철학에 대한 혁신이 필요한 때입니다. 또한 혁신의 승자들이 패자들에게 신경 쓸 수 있게끔 하는 혁신도 필요합니다.

우리는 다양성을 통해 조화를 찾아야 합니다. 다양성은 민족적, 종교적 다양성보다 더 큰 범위를 의미합니다. 외모나 성격, 승자와 패자의 운명도 다양성의 범주에 포함되어야 합니다. 나와 다르게 생긴 사람들, 나와 다르게 생각하는 사람들을 포용해야 합니다. 우리가 그들과 함께 살아야 한다면 그들을 초대해서 함께 걸을 수 있어야 합니다. 우리는 아름다운 곳도, 힘든 곳도 함께 손을 잡고 가야 합니다. 함께 걸으면 지구상의 모든 사람들이 같은 길을 가게 될 것입니다. 같이 갑시다.

사진으로 만나는
Asian Leadership Conference 2016
하이라이트

아시아의 미래: Innovation 4.0

전 세계가 격변하고 있습니다. 굳건했던 신념과 낙관의 성채는 무너지고, 테러와 국지전, 안보 불안의 주름이 깊어갑니다. 사회와 기업은 고령화와 저성장의 뻘밭에 갇혀 동력을 찾지 못하고 있습니다. 혼돈과 불확실성의 '뉴 노멀' 시대, 세계는 위기의 껍질을 깨뜨릴 진정한 혁신에 목말라 있습니다. 2016년 '아시안리더십콘퍼런스(ALC)'는 변화의 퀀텀 점프(quantum jump), '이노베이션 4.0'을 향해 지식과 통찰의 길을 제시합니다. 미래의 지평을 비추는 최고 두뇌와 지도자들이 한 자리에 모였습니다. 이틀 간 진행됐던 지식의 향연을 전해드립니다.

The 7th ASIAN LEADERSHIP CONFERENCE

첫째 날

09:08 개막식에 참석한 글로벌 리더들

08:52
박근혜 대통령이 조지 W. 부시 전 미국 대통령과
인사를 나누고 있다

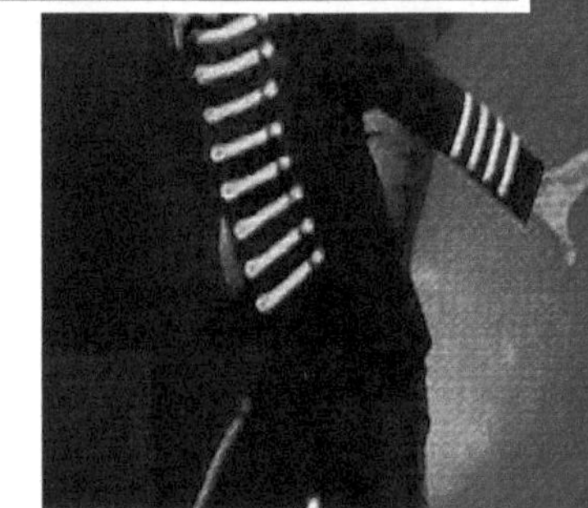

09:14 박근혜 대통령의 개막식 축사 모습

첫째 날

09:20 조코 위도도 인도네시아 대통령의 기조연설 모습

13:30

효율적인 정부에 관해 강연 중인
제니 시플리 전 뉴질랜드 총리

13:51

나눔을 주제로 강연 중인 저스틴 록펠러

첫째 날

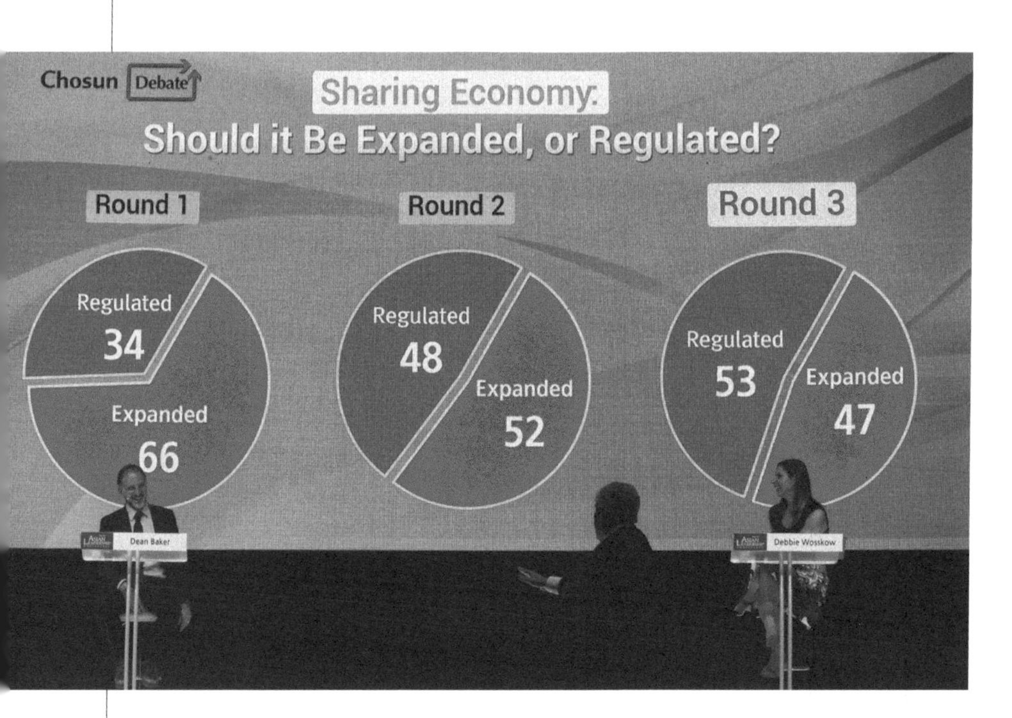

15:23 '공유경제: 확대냐, 규제냐' 찬반토론의 최종 결과

16:03 혁신 대가 로버트 고든의 '혁신과 경제 성장' 강연 모습

16:19 노동개혁에 관해 의견을 나누고 있는 게오르기오스 파판드레우와 엘사 포르네로

첫째 날

16:34 진행자의 질문에 대답하고 있는 로버트 고든

17:21 상상력과 미래를 주제로 강연 중인 베르나르 베르베르

18:11
왼쪽에서부터 셰리 블레어, 양란, 플뢰르 펠르랭

09:02 AI와 인간의 본질적 차이에 관해 설명하는 머레이 섀너핸 교수

09:17
IoT와 빅데이터 비즈니스의 새로운 기회에 대해 강연 중인 데이비드 로즈

09:20

머레이 섀너핸과
데이비드 로즈의 강연을
경청 중인 참석자들

10:07 찬반토론 '미래의 주인공: 인간이냐, AI냐'의 진행자 짐 클랜시

둘째 날

10:13 바이오혁명과 그레고리 스톡

11:12 스마트 시티 개발의 잠재력에 관해 강연하는 화웨이 최고기술책임자 조 소

11:13 《로봇의 부상》 저자 마틴 포드

11:30
《인간은 필요없다》 저자
제리 캐플런

둘째 날

15:52

'중국 경제 : 살아날까, 하락할까' 찬반토론의 최종 결과

16:27

전기차가 몰고올 파괴적 혁신과 토니 세바 스탠퍼드대학 교수

둘째 날